EM ÁGUAS PROFUNDAS

DAVID LYNCH

EM ÁGUAS PROFUNDAS
criatividade e meditação

Tradução
Márcia Frasão

Rio de Janeiro

Copyright © 2006 by Bobkind, Inc.
Translation copyright@ 2008 by Márcia Frasão

Título original
Catching the big fish – meditation, conciousness, and creativity

Editoração eletrônica
Rejane Megale Figueiredo

Revisão
Gilson B. Soares

Capa
Axel Sande – Gabinete de Artes (axel@gabinetedeartes.com.br)

2ª edição – 2015
4ª reimpressão – 2025

CIP-Brasil. Catalogação-na-fonte.
Sindicato Nacional dos Editores de Livros, RJ.
....
L996e
2.ed.

    Lynch, David, 1946-
    Em águas profundas: criatividade e meditação/David Lynch; [tradução Márcia Frasão]. – 2. ed. – Rio de Janeiro: Gryphus, 2015.

    210 p. : il. ; 21 cm.
    Tradução de: Cathching the big fish
    Inclui bibliografia
    ISBN 978-85-8311-033-0

    1. Lynch, David, 1946-. 2. Diretores e produtores de cinema – Estados Unidos. 3. Meditação transcendental. 4. Criação (Literária, artística, etc.). I. Título.

15-19588   CDD: 791.43028
                                                               CDU: 791.633-051
....

Direitos para a língua portuguesa reservados, com exclusividade no Brasil, para a

GRYPHUS EDITORA
Rua Major Rubens Vaz, 456 – Gávea – 22470-070
Rio de Janeiro – RJ – Tel.: (0XX21) 2533-2508
www.gryphus.com.br – e-mail: gryphus@gryphus.com.br

Para Sua Santidade, Maharishi Mahesh Yogi.

SUMÁRIO

Introdução...	1
Entrevista...	3
O primeiro mergulho	9
Sufocante traje de borracha de palhaço	13
O começo	15
A vida da arte	17
O jardim à noite	19
Abrir as cortinas	21
Cinema	23
Interpretação	25
O círculo	27
Ideias	29
Desejo	31
Consciência	33
Traduzindo a ideia	35
Los Angeles	37

Eraserhead	39
O passo da vida	41
Yogis	45
Bob's Big Boy	47
O cão mais raivoso do mundo	49
Música	51
Intuição	53
O campo unificado	55
O quarto estágio	59
Chegando lá	61
Ciência moderna e ciência antiga	63
Em qualquer lugar, a qualquer hora	65
Identidade	67
Edição	69
Terapia	71
Sonhos	73
Angelo Badalamenti	75
Som	77
Elenco	79
Ensaio	83
Medo	87
Todos juntos, agora	89
Twin Peaks	91
O seriado	93
O quarto vermelho	95

Pergunte à ideia	97
Público experimental	101
Generalizações	103
Escuridão	105
Sofrimento	107
A luz interior	111
A torre de ouro	113
Religião	115
Drogas	117
Acender a luz	119
Industrial Symphony nº 1	121
Lost Highway	123
Restrições	125
Mulholland Drive	127
A caixa e a chave	129
O senso de lugar	131
Beleza	133
Textura	135
Trabalho com madeira	137
Ter um *setup*	139
Fogo	141
A luz no filme	143
The Straight Story	145
Heróis do cinema	147
Fellini	149

Kubrick	151
INLAND EMPIRE	153
O nome	157
Um novo jeito de trabalhar	159
Comentário do diretor	161
A morte da película	163
Vídeo digital para jovens cineastas	167
Qualidade do vídeo digital	169
Futuro do cinema	171
Bom senso	173
Conselho	175
Sono	177
Persistência	179
Sucesso e fracasso	181
Pescar, outra vez	183
Compaixão	185
Educação baseada na consciência	187
A paz verdadeira	191
Final	193
Filmografia selecionada	195
Fontes citadas	197
Sobre o autor	199

INTRODUÇÃO

Ideias são como peixes. Se você quer pegar um peixinho, pode ficar em águas rasas. Mas se quer um peixe grande, terá que entrar em águas profundas. Quanto mais fundo, mais poderosos e mais puros são os peixes. Peixes enormes e abstratos. E realmente maravilhosos.

O que procuro é um tipo de peixe que seja importante para mim, um peixe que possa ser levado para o cinema. Mas lá costumam nadar todas as espécies de peixes. Peixes que se pescam por dinheiro, peixes que se pescam por esporte. Há peixe para tudo.

Tudo, qualquer coisa que seja essencial, vem de um nível mais profundo. A física moderna chama esse nível de

Campo Unificado. Quanto mais você expande a consciência – a atenção –, mais fundo é seu mergulho na direção dessa fonte e maior será o peixe que pode pegar.

Meus 33 anos de prática no programa de Meditação Transcendental têm sido fundamentais para o meu trabalho com filmes e pinturas, e para todas as áreas de minha vida. Para mim, isso é uma forma de mergulhar mais fundo em busca do peixe grande. Neste livro quero compartilhar com você algumas dessas experiências.

ENTREVISTA

As perguntas foram elaboradas por Vicente Amorim, Rodrigo Fonseca, Marcelo Taranto e Carlos Alberto Matos em maio de 2012.

A meditação pode ser considerada uma visita à própria alma?

Sim. Quando você realmente ultrapassa seus próprios limites, experimenta o seu Eu interior, conhecido por *atma* na linguagem védica. Esta dimensão também é chamada de consciência plena e, quando se atinge a sua totalidade, encontramos o Eu eterno. Quanto mais se transcende, mais se adquire o Eu profundo. E, à medida que você o vá adquirindo, mais inteligência, criatividade, felicidade, amor, energia e paz você alcançará. Esses são todos os aspectos do Eu interior ou do *I-am-ness* da vida.

Desde *Blue Velvet*, seu nome esteve vinculado ao Surrealismo no cinema. Você efetivamente foi influenciado pelo movimento surrealista? O que é o Surrealismo pela ótica de David Lynch?

Eu não fui influenciado pelos surrealistas, embora goste muito de Max Ernst e Magritte, particularmente. Acredito que o Surrealismo pertence a um outro mundo, ao qual as regras do nosso mundo não se aplicam. Aquele mundo surrealista é vinculado a sonhos – onde elementos como intuição, magia e surpresa também desempenham papel de destaque.

Como vê a morte?

O medo da morte é muito real, mas ouvi dizer que a vida é *continuum*, e que *continuum* é consciência. Consciência é vida e consciência é *continuum*. Assim, dizem que a morte é apenas uma transição e os seres humanos estão na roda de nascimento e morte. E para ganhar esse jogo precisamos iluminar-nos e sair dessa roda de nascimento e morte, tomando consciência de que somos imortais; e nesse estado estaremos inteiramente plenos, completamente libertos e realmente muito, muito felizes.

Visitando seu *site*, percebemos que o seu nome se tornou uma marca que vende livros e café. Por favor, comente essas relações: autoria e comércio, arte e produto.

A razão pela qual possuo uma marca de café é porque gosto de café; e essa *David Lynch Signature Cup Coffee* é realmente muito boa. O café e o *site*, infelizmente, não me rendem nada. Gostaria muito de pensar em algo que me desse algum dinheiro, mas a maioria das minhas ideias simplesmente não atingiu esse objetivo. Mas, ao mesmo tempo, as coisas que faço partem de ideias pelas quais me apaixono. E todos sabemos que, quando estamos apaixonados, não há nada a fazer.

Seus filmes vêm acumulando prêmios nos mais importantes festivais de cinema do mundo, assim como indicações para o Oscar. Entretanto, você também se dedica à produção de filmes de curta metragem. Quão importante é essa linha de produção e o que representa na sua carreira? De que forma a realização de curtas- metragens contribuiu para suas explorações estéticas?

Sempre digo que amo ideias. E ideias surgem para tudo. Assim, às vezes, tenho ideias para curtas-metragens, outras, para fotografia; surgem também ideias para pintura, para litografia, e também para filmes longos. Tudo depende da ideia. Todas as mídias são excitantes.

Há um lugar para Deus ou outra expressão divina na vida e no universo cinematográfico de David Lynch?

Bem, eu acredito em Deus. E acredito também que Deus é o maior homem-ideia de todos os tempos; o rei absoluto da criatividade, que construiu um palco fantástico para nós atuarmos. E, atuando, temos a alegre oportunidade de fazer nossas pequenas criações, baseadas nas ideias que foram espalhadas com tanto amor pelo Absoluto, para que as aproveitássemos.

Quando sua atenção foi capturada pelo aspecto sensorial do cinema?

Em 1967.

Existe alguma diferença básica entre o que você cria para o cinema e para a TV?

A única diferença é que, no caso do cinema, a história é quase sempre contada em duas ou três horas; a televisão oferece a possibilidade de uma história continuada, que se pode estender muito.

Você é um dos poucos diretores cujo estilo e universo particular inspiraram um adjetivo. Como lhe soa o termo "lynchiano" e que significado gostaria que tivesse, agora e no futuro?

Por razões de saúde, estou proibido de pensar nesse tipo de coisa.

O PRIMEIRO MERGULHO

Ele, cuja felicidade está dentro, cujo contentamento está dentro, cuja luz está dentro, esse yogi, uno com Brahma, atinge a liberdade eterna e a consciência divina.

BHAGAVAD-GITA

Eu não tinha o menor interesse pela meditação, quando ouvi falar disso pela primeira vez. Nem curiosidade eu tinha. Para mim, era perda de tempo.

O que despertou o meu interesse acabou sendo a frase "a verdadeira felicidade está dentro de você". A princípio, isso me soou como uma espécie de alegoria, já que nada indicava a localização desse "dentro" e como se chegava a ele. Ainda assim, havia um elo de verdade. E comecei a pensar que a meditação talvez fosse um meio de se alcançar esse dentro.

Fiz pesquisas sobre a meditação, coloquei algumas perguntas e passei a investigar as diferentes formas que isso tinha. Nessa ocasião minha irmã telefonou e disse que fazia seis meses que praticava a Meditação Transcendental. Notei alguma coisa na voz dela. Uma mudança. Uma espécie de felicidade. E pensei, *é isso que eu quero*.

Assim, em julho de 1973, fui até o Centro de Meditação Transcendental de Los Angeles, encontrei uma instrutora e gostei dela. Era parecida com a Doris Day. Foi ela que me ensinou essa técnica. Ela me ofereceu um *mantra*, uma vibração sonora de pensamento. Não se medita sobre o significado do *mantra*, que é uma vibração sonora de pensamento muito específica.

A instrutora me levou até uma pequena sala para a minha primeira meditação. Eu me sentei no chão, fechei os olhos e iniciei esse *mantra*; e foi como se estivesse em um elevador cujo cabo se rompesse de repente. Boom! Caí direto na felicidade: na mais pura felicidade. *Lá* estava eu. A certa altura, ouvi a voz da instrutora: "Já é hora de voltar; já se passaram 20 minutos". Retruquei: "SÓ 20 MINUTOS?!". E ela então fez um sinal para que eu fizesse silêncio porque havia outras pessoas meditando. Aquilo me parecia tão familiar e ao mesmo tempo tão novo e poderoso. Depois dessa experiência eu me dei conta de que a palavra "singular" era a que mais se adequava à meditação.

A meditação nos leva para um oceano de pura consciência, de puro conhecimento. Isso, porém, é familiar, é *você*. E de imediato emerge uma sensação de felicidade, mas não efêmera e sim sólida e de incomensurável beleza. Ao longo desses 33 anos eu nunca deixei de meditar diariamente. Medito uma vez pela manhã e outra vez à noite, aproximadamente 20 minutos em cada meditação. Depois, eu cuido dos meus afazeres do dia. E aumenta minha alegria pelo trabalho. A intuição fica mais aguçada. Cresce o prazer pela vida. E desaparece a negatividade.

SUFOCANTE TRAJE DE BORRACHA DE PALHAÇO

Seria mais fácil enrolar o céu com um paninho, do que obter a verdadeira felicidade sem o conhecimento de Si Próprio.

UPANISHADS

Quando comecei a meditar, eu estava tomado por ansiedades e medos. Sentia-me deprimido e com raiva. Muitas vezes eu descarregava essa raiva na minha primeira mulher. Após as duas primeiras semanas de meditação, ela se aproximou de mim e disse: "O que está havendo?". Fiquei quieto por alguns instantes. Até que perguntei: "O que quer dizer?". Ela continuou: "A raiva, aonde foi parar?". E eu nem tinha notado a mudança.

Costumo chamar esse tipo de depressão e raiva de Sufocante Traje de Borracha de Palhaço da Negatividade. Ele é *sufocante* e a borracha *fede*. Mas logo que você começa a meditar e a mergulhar mais fundo, o traje de palhaço se dissolve. E quando começa a se dissolver, finalmente você se dá conta do quanto esse traje é pútrido e fétido. E quando ele se dissolve por completo, você obtém a liberdade.

A raiva, a depressão e o sofrimento são muito bonitos nos enredos, mas venenosos para o cineasta e o artista. São como torniquetes na criatividade. Se você estiver preso nesse torniquete, vai ser difícil se levantar da cama e mais ainda vivenciar o fluxo de criatividade e ideias. Para criar, é preciso ter clareza. Você tem que ser capaz de pegar as ideias.

O COMEÇO

Comecei como uma pessoa comum que cresceu no noroeste dos Estados Unidos. Meu pai era um pesquisador do Departamento de Agricultura que se dedicava ao estudo das árvores. Por isso, eu vivia na mata. E para as crianças, a mata é mágica. Eu morava numa cidade pequena, nesse tipo de lugar que as pessoas chamam de roça. Meu mundo se resumia a um ou talvez dois quarteirões da cidade. Tudo acontecia naquele espaço. Todos os sonhos, todos os amigos habitavam aquele mundinho. Mas para mim aquele mundinho parecia vasto e mágico. Havia tempo de sobra para sonhar e ficar com os amigos.

Eu gostava de pintar e desenhar. E equivocadamente pensava que, quando amadurecemos, deixamos de pintar e desenhar para fazer coisas mais sérias. Ainda estava no ginásio quando minha família se mudou para Alexandria, na Virgínia. Certa noite, no jardim da casa de minha namorada, eu conheci um cara chamado Toby Keeler. Durante a conversa fiquei sabendo que o pai dele era um pintor. Achei que se tratava de um pintor de paredes, mas nas nossas conversas ele disse que o homem era um artista, e dos bons.

Essa descoberta mudou a minha vida. Embora eu também tivesse um certo interesse pela ciência, de repente me vi convicto de que queria ser pintor. E que queria viver e respirar arte.

A VIDA DA ARTE

No segundo grau li *O Espírito da Arte*, um livro de Robert Henri que versa sobre a vida artística. Para mim, viver a arte significava dedicar-se à pintura, uma dedicação absoluta que tornava tudo o mais secundário. "*Só com esse tipo de dedicação é que poderei me aprofundar e descobrir coisas*", eu pensava. Seguindo esse raciocínio, tudo o que desvia o indivíduo do caminho da descoberta não faz parte da vida artística. Na realidade, a vida artística implica liberdade. Eu também acho que isso parece um pouco egoísta, mas não é assim. Isso só significa que se precisa de tempo.

Bushnell Keeler, o pai do meu amigo Toby, sempre dizia: "Se você quer uma hora de boa pintura, terá que dispor de quatro horas só para si".

Isso é basicamente verdadeiro. Ninguém começa a pintar de cara. Antes você tem que se sentar por algum tempo e elaborar uma ideia, para só depois colocá-la em prática da melhor forma possível. E você também precisa ter alguns materiais à disposição. É preciso fazer, por exemplo, rascunhos para as telas. A preparação de um quadro pode demandar muito tempo. Só depois se consegue seguir em frente. A ideia tem que ser suficiente para se começar; mesmo porque, para mim, tudo o que vem adiante é um processo de ação e reação. É sempre um processo de construção e destruição. E, após essa destruição, a descoberta de algo e sua elaboração. A natureza desempenha um papel nesse processo. Reunir materiais difíceis – como assar alguma coisa ao sol ou utilizar um material que se contrapõe a outro – termina por causar sua própria reação orgânica. O negócio é então se sentar e estudar e estudar e estudar; de repente se dá um salto da cadeira e se passa a fazer a próxima coisa. Isso é ação e reação.

Mas se você está preocupado porque 30 minutos depois estará em algum lugar, não há como criar. Por isso, a vida artística implica liberdade; é preciso tempo para que as coisas interessantes possam acontecer. Nem sempre há muito tempo para as outras coisas.

O JARDIM À NOITE

Eu era então um pintor. Pintava e frequentava a escola de arte. Não tinha o menor interesse em filmes. De vez em quando assistia a um filme, mas o que me interessava mesmo era a pintura. Um dia me instalei numa sala ampla da Academia de Belas Artes da Pensilvânia. Era uma sala dividida em cubículos. Eu estava lá no meu cubículo; o relógio marcava quase três horas da tarde. Havia um quadro em andamento; um jardim à noite. Era uma tela muito sombria, com plantas emergindo da escuridão. De repente, tive a impressão de que as plantas se moviam e cheguei até a ouvir o vento. Eu não estava sob o efeito de drogas! Então, pensei, *"ora, como isso é fantástico!"* E comecei a me perguntar se o filme não seria uma maneira de pôr a pintura em movimento.

No final de cada ano havia um concurso para pinturas e esculturas. Eu tinha feito alguma coisa para esse concurso no ano anterior e pensei na mesma hora: *farei uma pintura em movimento*. Fiz uma tela enorme – 1,82m por 2,50m – e nela projetei um filme rudimentar. Ele se chamava *Seis Homens Adoecendo*. Achei que esse filme seria o ápice da minha carreira de cineasta, porque gastei uma fortuna para fazê-lo: 200 dólares. Assim, pensei, *"simplesmente não tenho grana para seguir nessa estrada"*. Mas um estudante mais velho viu o projeto e financiou um outro trabalho meu para a casa dele. E dessa maneira comecei a carreira de cineasta. Depois disso, o caminho se abriu. Então, pouco a pouco – ou melhor, passo a passo – eu caí de amores por esse veículo.

ABRIR AS CORTINAS

*Saiba que toda a Natureza é um teatro mágico,
que a grande Mãe é a mestra da magia,
e que todo este mundo é povoado por muitas partes dela.*

UPANISHADS

É tão mágico – não sei por quê – quando se entra no cinema e as luzes se apagam. Tudo fica em silêncio e depois as cortinas começam a se abrir. Muitas vezes são cortinas vermelhas. E penetramos em outro mundo. É maravilhoso quando essa experiência é compartilhada. E continua maravilhoso quando estamos em casa e temos nosso próprio cinema à frente, embora não seja o ideal. A tela do cinema é melhor. Essa é a maneira de se entrar no mundo.

CINEMA

O cinema é uma linguagem. Eu posso dizer coisas – grandes e abstratas. E adoro isso.

Nunca fui muito bom com as palavras. Algumas pessoas são poetas e têm um jeito maravilhoso de se valer das palavras para dizer o que querem. Mas o cinema é uma linguagem singular. E com essa linguagem podemos dizer muitas coisas porque dispomos de tempo e sequências. Há diálogos. Há música. Há os efeitos sonoros. Você tem muitos recursos. E assim pode expressar emoções e pensamentos que não poderiam ser expressos de outro modo. O cinema é um meio mágico.

Acho extraordinário poder pensar em cenas e sons fluindo juntos em tempo e sequência, fazendo algo que só pode ser feito por intermédio do cinema. E não são apenas palavras e música; reúne-se uma variedade de elementos que realizam algo completamente novo. Isso é contar histórias. É apresentar um mundo, uma experiência que os outros só terão se assistirem ao filme.

Sou apaixonado pela forma com que o cinema é capaz de expressar as ideias que capto para fazer os filmes. Gosto de histórias impregnadas de abstração, e isso o cinema pode fazer.

INTERPRETAÇÃO

O filme deve se bastar. É um absurdo o cineasta dizer com palavras o que significa um filme em particular. O mundo do filme é uma criação e às vezes as pessoas gostam de penetrar nesse mundo. Para elas, é um mundo real. E quando essas pessoas descobrem de que forma alguma coisa é feita, ou o seu significado, isso continua na cabeça quando elas assistem ao filme outra vez. E o filme se torna então diferente. Acho válido e muito importante que se conserve esse mundo e não se revelem certas coisas que poderiam estragar a experiência. Não precisamos de nada além da obra. Existe uma grande quantidade de livros escritos por autores já falecidos e não precisamos desenterrá-los de suas covas. Mas podemos pegar um desses livros para ler e talvez as palavras provoquem sonhos e ideias a respeito das coisas.

Algumas vezes as pessoas dizem que não conseguiram entender um filme, mas na verdade entendem muito mais do que percebem. E isso acontece porque todos somos abençoados pelo dom da intuição; nós temos realmente o dom de intuir as coisas. Embora alguém possa dizer que não entende de música, a maioria a vivencia emocionalmente e há de concordar que ela é uma abstração. Não é preciso traduzi-la com palavras, basta ouvi-la.

O cinema é muito parecido com a música. Ainda que seja abstrato, as pessoas tendem a apreendê-lo intelectualmente e traduzi-lo em palavras. E, quando não conseguem fazer isso, sentem-se frustradas. Mas essas pessoas acabam extraindo uma explanação de dentro delas, quando se permitem a isso. Se conversassem com os amigos, logo veriam as coisas com clareza e distinguiriam o que é do que não é. E poderiam concordar com os amigos ou mesmo questioná-los, mas como concordar ou discordar se ainda não sabem do que se trata? O mais interessante é que as pessoas realmente sabem mais do que pensam que sabem. E quando elas opinam, quando falam daquilo que sabem, tudo se torna mais claro. E quando percebem alguma coisa, isso pode ser um pouco mais esclarecido na troca de ideias com os amigos. É assim que se chega a uma conclusão. Uma conclusão que pode ser válida.

O CÍRCULO

Adoro esse ditado: "O mundo é como você é". Acho que os filmes são como você é. Por isso mesmo, embora as tomadas de um filme sejam sempre as mesmas – o mesmo número, a mesma sequência, com os mesmos sons –, cada exibição é diferente. Às vezes a diferença é muito sutil, mas está lá. Isso depende da audiência. Há um círculo que interage entre o público e o filme. Cada pessoa tem sua própria maneira de olhar, de pensar e de sentir. Uma maneira provavelmente distinta daquela que me seduziu.

Eis por que nunca se sabe o que vai seduzir as pessoas. Mas se você começar a pensar em como seduzir os outros, se dessa ou daquela forma, é melhor parar de fazer filmes. Só se deve fazer aquilo que se ama; é assim que nos abrimos para o inesperado.

IDEIAS

A ideia é um pensamento. Um pensamento que contém mais coisas do que pensamos quando o recebemos. Mas o primeiro momento é sempre uma centelha. Nas revistas em quadrinhos, quando alguém tem uma ideia, acende-se uma lâmpada. Acontece o mesmo na vida real. Seria maravilhoso se o filme inteiro surgisse na minha cabeça. Mas, para mim, ele vem em fragmentos. O primeiro fragmento é como a Pedra de Roseta. É a peça do quebra-cabeça que orienta todo o resto. É a peça fundamental do quebra-cabeça.

Em *Blue Velvet* isso surgiu sob a forma de lábios vermelhos, gramados verdes e a canção "Blue Velvet" interpretada por Bobby Vinton. A ideia seguinte foi uma visão de uma orelha sobre a relva. Foi assim.

Você tem que se apaixonar pela primeira ideia, por aquela pequena peça. E quando se apaixona por ela, o resto vem com o tempo.

DESEJO

O desejo por uma ideia é como uma pescaria. Quando se pesca, é preciso ter paciência. Você coloca a isca no anzol e depois espera. O desejo é a isca do anzol que atrai o peixe, ou seja, as ideias.

O bom disso é que, quando se pega um peixe do qual se gosta, mesmo que não passe de um peixinho – o fragmento de uma ideia –, ele atrai outros peixes, e todos acabam sendo pescados. E se está então no caminho certo. Logo haverá mais e mais fragmentos, fazendo emergir a ideia completa. Tudo isso, porém, começa pelo desejo.

CONSCIÊNCIA

Pela meditação se atinge o infinito.
Aquilo que é infinito é feliz.
Não há felicidade no limitado.

UPANISHADS

Os pequenos peixes nadam na superfície, mas os grandes peixes nadam em águas profundas. Se você conseguir expandir o cesto de pesca – sua consciência –, poderá pegar peixes maiores.

Veja como isso funciona: dentro de cada ser humano existe um oceano de consciência pura e vibrante. Quando "transcendemos" através da Meditação Transcendental, mergulhamos nesse oceano de pura consciência. Você se joga nele. E ele se sente feliz com isso. E o faz vibrar com essa alegria. Quando experimentamos a consciência pura, animamos e expandimos esse oceano. Ele começa a se desprender e a crescer.

Se sua consciência é do tamanho de uma bola de golfe, seu entendimento terá o mesmo tamanho quando você ler um livro; e assim será quando olhar por uma janela, quando se levantar de manhã, quando perceber as coisas e durante o transcorrer do seu dia.

Mas se você expande essa consciência, se a faz crescer, seu entendimento será maior quando ler aquele mesmo livro; e terá mais alegria interior quando olhar pela janela, quando perceber as coisas, quando se levantar e durante o seu dia.

As ideias podem ser apanhadas em um nível mais profundo. E nesse nível a criatividade realmente flui. Isso torna a vida cada vez mais parecida com um jogo fantástico.

TRADUZINDO A IDEIA

Para mim, cada filme, cada projeto, é uma experiência. E como traduzir a ideia que se teve? Como se pode traduzir a ideia de modo a aplicá-la em um filme ou em uma cadeira? Se você teve a ideia, então pode vê-la, ouvi-la, senti-la e conhecê-la. Vamos imaginar agora que você cortou um pedaço de madeira que não ficou exatamente do jeito que queria. Isso o faz pensar um pouco mais até deixar de lado a madeira. O que significa que você está agindo e reagindo. É um tipo de experiência que busca a exatidão.

Com a meditação, esse fluxo aumenta. Ação e reação se aceleram. Você apanha uma ideia aqui e depois se movimenta de um lugar para o outro. É como uma dança improvisada. Você se solta por inteiro.

E nisso não há nada de comandado, uma programação na qual alguém lhe diz: "Pare, sinta o aroma das rosas e sua vida vai melhorar". Trata-se de um processo interno. Um processo que precisa emergir de dentro de você e crescer e crescer e crescer. A partir daí as coisas realmente se modificam.

Então, transcenda, vivencie o seu Eu interior – a pura consciência – e veja o que acontece.

LOS ANGELES

Cheguei a Los Angeles vindo da Filadélfia, onde vivi durante cinco anos e frequentei a escola de arte. A Filadélfia é conhecida como a Cidade do Amor Fraternal, mas era um inferno quando eu estava lá. Não havia muito amor nessa cidade.

Cheguei a Los Angeles à noite, ou seja, só vi a luz da cidade quando saí de um pequeno apartamento na San Vicente Boulevard pela manhã. E aquela luz arrepiou a minha alma. Eu me sinto como um sujeito de sorte por poder conviver com essa luz.

Adoro Los Angeles. Conheço uma porção de gente que chega lá e só vê uma cidade espalhada na mesmice. Mas quando se fica lá por algum tempo, pode-se notar que tudo quanto é canto da cidade tem seu clima próprio. A época dourada do cinema ainda está viva por lá, nas noites perfumadas pelos jasmins e naquela maravilhosa atmosfera. E a luminosidade é inspiradora e energética. É uma luz que não dói nos olhos nem com neblina, uma luz brilhante e suave. Uma luz que me enche do sentimento de que todas as possibilidades estão disponíveis. Não sei por quê. É uma luz diferente da luz dos outros lugares. A luz na Filadélfia está longe de ser brilhante, até mesmo no verão. Foi a luz de L.A. que atraiu as pessoas no passado para fazerem filmes. A cidade continua maravilhosa.

ERASERHEAD

Eraserhead é o meu filme mais espiritual. Ninguém entende quando digo isso, mas é verdade.

Eraserhead foi desenvolvendo de um certo modo que eu não entendia. Isso me fez procurar por uma chave que abrisse para o que aquelas sequências diziam. Claro, algumas sequências eu entendia, mas não sabia como unir todas elas. Penei um bocado para descobrir. Até que peguei minha Bíblia e comecei a ler. E um dia acabei lendo uma frase. E fechei a Bíblia porque havia encontrado: a resposta estava lá. E pude ver a coisa então como um todo. E tive 100 por cento da visão.

Nem sei dizer qual era a frase.

O PASSO DA VIDA

Cinquenta anos atrás as pessoas diziam: "Tudo está indo rápido demais". Vinte anos depois elas continuavam dizendo: "Tudo está indo rápido demais". Foi sempre assim. E parece que agora a velocidade aumentou. É uma loucura. Quando se assiste muita tevê e se lê muitas revistas, é como se o mundo inteiro passasse correndo por você.

Quando eu estava filmando *Eraserhead*, que levou cinco anos para ficar pronto, achei que estava morto. Achei até que o mundo estaria bem diferente antes de terminar o filme. Disse para mim mesmo: "*Aqui estou, travado nessa coisa que não consigo terminar. O mundo está me deixando para trás*". Já tinha parado de ouvir música e não assistia a tevê de jeito nenhum. Não queria ouvir notícias sobre o que acontecia porque isso aumentaria minha sensação de morte.

Uma vez cheguei até a pensar em construir uma miniatura de Henry, a personagem, e um pequeno cenário de cartolina para filmá-lo e terminar o filme. Era a única forma de fazer, já que eu estava sem dinheiro. Então, uma noite meu pai e meu irmão caçula me deixaram de castigo numa espécie de quarto escuro. Eles são muito responsáveis. Tiveram uma conversinha comigo. Uma conversa que me arrasou; eles disseram que eu devia arrumar um trabalho e esquecer *Eraserhead*. Argumentaram que eu tinha uma filhinha e que devia ser responsável e arranjar um trabalho.

Bem, arranjei um emprego: entregava o *Wall Street Journal* e ganhava 50 dólares por semana. Eu poderia economizar para filmar a cena e terminar o filme. E comecei a meditar. Jack Nance, o ator que fez o papel de Henry, esperou três anos por mim com o pensamento voltado para Henry, mantendo-o vivo. Nesse filme há uma cena em que a personagem de Jack está do lado de fora de uma porta, e o que pouca gente sabe é que levamos um ano e meio para filmá-lo atravessando a porta. Eu me perguntava como aquilo podia acontecer? Como manteria aquela união por tanto tempo? Mas Jack esperou e segurou o personagem.

Há um ditado que diz: "Mantenha os olhos na rosca e não no buraco". Se você mantém os olhos na rosca e faz o seu trabalho, isso é tudo o que pode controlar. Não se pode controlar nada que esteja do lado de fora, fora de você. Mas você pode se voltar para dentro e dar o melhor de si. O mundo *não* vai lhe deixar para trás. Não há nada que garanta que a meditação ou a entrega do *Wall Street Journal* vão levá-lo ao sucesso. Mas com o foco e a meditação – mesmo que os acontecimentos permaneçam do mesmo jeito –, sua maneira de encarar esses acontecimentos se modifica, e tudo se torna melhor.

YOGIS

Quando vi em livros pela primeira vez imagens de yogis sentados em posição de lótus nas florestas indianas, alguma coisa me fez prestar atenção. Eu me dei conta do rosto deles. Não eram rostos de homens que desperdiçavam o tempo. Eram rostos de homens que deixavam entrever não apenas o que eu queria, mas também o que eu não conhecia. Fiquei hipnotizado. Havia uma enorme presença de poder e dignidade, e uma total ausência de medo. Grande parte daqueles semblantes refletia ora alegria e amor ora poder e força. Isso me fez pensar que a iluminação deve ser algo real, embora não fizesse ideia do que era isso. Imaginei então que a única forma de viver a iluminação seria começar a mergulhar dentro de mim e ver o que havia lá. Simplesmente porque eu sabia que a iluminação não viria da vida superficial de L.A.

BOB'S BIG BOY

Frequentei o restaurante *Bob's Big Boy* quase que diariamente durante o período que vai da metade dos meus 17 anos até o início dos 18. Eu me sentava à mesa, pedia um *milk shake* e pensava.

Há uma tranquilidade quando se pensa durante a refeição. Você toma seu café ou seu *milk shake*, entra em áreas estranhas e escuras do pensamento e retorna são e salvo à refeição.

O CÃO MAIS RAIVOSO DO MUNDO

A primeira tira do quadrinho *O Cão Mais Raivoso do Mundo* surgiu quando eu estava trabalhando em *Eraserhead*. Desenhei um cachorrinho. E o cachorrinho parecia zangado. Comecei a olhar para o desenho e a refletir sobre ele, perguntando-me por que o cão estava zangado.

E fiz então outras quatro tiras com o cão imóvel. Três delas aconteciam de dia e outra de noite. Há a passagem do tempo, mas o cão nunca se move. E foi aí que me ocorreu que a origem da raiva estava no meio ambiente, ou seja, no que acontecia ao redor. O cão escuta as vozes que ecoam da casa. Ou então acontece alguma coisa do outro lado da cerca ou mesmo nas condições climáticas.

Por fim, ele se limita às vozes de dentro da casa. E isso me parecia bem interessante. Havia balões de diálogo entre o interior da casa e o cão no lado de fora. E o que se dizia nesses balões era muito engraçado.

O *L.A. Weekly* quis publicar o quadrinho. O jornal o publicou durante nove anos. Após alguns anos, também passou a ser publicado pelo *Baltimore Sun*. Toda segunda--feira eu tinha que inventar o que dizer. Depois, passava as frases por telefone. Nem sempre eu fazia as legendas e às vezes não gostava de algumas e as refazia.

O editor que contratou o quadrinho acabou se transferindo para outro jornal, e durante esse tempo tive diferentes editores. Ao cabo de nove anos esse mesmo editor que havia contratado o quadrinho retornou para o jornal. E ele me dispensou. Disse que a série já tinha cumprido o seu curso.

MÚSICA

Certo dia eu estava trabalhando em *O Homem Elefante* e ouvi no rádio o *Adágio para Cordas*, de Samuel Barber. Apaixonei-me pela música e a quis para a cena final do filme. Pedi então ao produtor Jonathan Sanger para consegui-la. Ele retornou com nove gravações diferentes. Ouvi e lhe disse: "Não, não foi isso que ouvi no rádio". As nove versões estavam completamente erradas. Ele saiu e comprou mais alguns discos. Por fim, escutando a versão de André Previn, exclamei: "É essa!". Composta pelas mesmas notas, exatamente como as outras, claro, mas *era* uma outra execução.

A música tem que casar com a cena e engrandecê-la. Não se pode pegar qualquer uma e achar que vai funcionar, mesmo que seja uma de suas músicas favoritas. Ela pode se mostrar antagônica à cena. Você *sente* quando se dá esse casamento. A coisa deslancha; ocorre um tipo de fenômeno no qual "o todo é maior que a soma das partes".

INTUIÇÃO

Conhecer algo, sabendo que tudo é conhecido.

UPANISHADS

A vida é cheia de abstrações e a intuição é a única maneira que temos de rastreá-las. Intuir é enxergar a solução, reconhecê-la por inteiro. Intuição é a emoção e o intelecto trabalhando juntos. Isso é essencial para o cineasta.

Como fazer alguma coisa boa? Todo mundo se vale dos mesmos instrumentos: câmera, filme, enredo e atores. Mas quando essas partes se juntam, nota-se que há diferenças. É aí que entra a intuição.

Pessoalmente, acho que a intuição pode ser aguçada e expandida através da meditação, mergulhando em *Si Mesmo*. Dentro de cada indivíduo existe um oceano de consciência, um oceano de soluções. E quando mergulhamos nesse oceano, nessa consciência, nós a despertamos.

Não se mergulha aí em busca de soluções específicas; mergulha-se para despertar esse oceano de consciência. Depois, a intuição cresce e aparece uma forma de resolver os problemas, tomando consciência do que não está certo e encontrando um meio de corrigi-lo. Essa capacidade aumenta e as coisas fluem com mais facilidade.

O CAMPO UNIFICADO

*Um infinito oceano de consciência se torna luz,
água e matéria. E os três se tornam muitos. Assim, todo o universo
foi criado como um infinito oceano de consciência
a se desdobrar eternamente dentro dele mesmo.*

UPANISHADS

O oceano de consciência ao qual Maharishi Mahesh se refere também é conhecido pela ciência moderna como Campo Unificado.

Quando Maharishi Mahesh chegou pela primeira vez aos Estados Unidos, em 1959, o Campo Unificado da física quântica ainda não tinha sido descoberto. Por isso mesmo, alguns diziam: "Ora, que besteira, estão em busca de um campo com base em qualquer coisa, um campo que na realidade não existe; ninguém sabe se isso é verdade".

Mas depois, cerca de 30 anos atrás, a física encontrou esse

campo. Os cientistas o descobriram enquanto investigavam a matéria; entraram nela cada vez mais fundo e um dia lá estava o Campo Unificado. E a partir daí cientistas como o Dr. John Hagelin comprovaram a veracidade desse campo: cada coisa emerge desse campo.

Assim, as ciências moderna e antiga se uniram.

A ciência védica – ciência da consciência – estuda as leis da natureza e a constituição do universo, e como tudo isso se revela. Na ciência védica esse oceano de pura consciência é chamado de atma, o *Si Próprio*. "Conhece-te a ti mesmo.". Bem, mas como? Você não se conhece ao se olhar no espelho. Não se conhece sentando e conversando consigo mesmo. Mas o ti mesmo está lá dentro, dentro, dentro.

A Meditação Transcendental é uma técnica simples, fácil e cômoda, que permite a qualquer pessoa um mergulho profundo para vivenciar os níveis sutis da mente e do intelecto e entrar nesse oceano de pura consciência, o Campo Unificado: *o Si Próprio*.

Não é o conhecimento intelectual do campo que opera as coisas e sim a vivência dele. Ao mergulhar em si mesmo, e pela experiência desse campo de pura consciência, você o desperta, desdobra-o, e ele cresce. O resultado final desse crescimento da consciência é chamado de iluminação, uma iluminação que está potencialmente em todos nós.

O QUARTO ESTÁGIO

Muitas pessoas experimentam a transcendência, mas sem se dar conta disso. Você pode ter a experiência da transcendência antes de cair no sono. Muitas vezes você ainda está acordado, sente uma espécie de queda, vê uma luz branca e estremece de felicidade. E diz: "Deus do céu!". Quando saímos de um estado de consciência para o outro – da vigília para o sono, por exemplo –, passamos por uma espécie de vazio. É nesse vazio que você pode transcender.

Imagino esse processo como um quarto branco e redondo cujas paredes brancas estão cobertas por cortinas amarelas, vermelhas e azuis. As cortinas representam três estágios de consciência: vigília, sono e sonho. Mas no espaço entre cada cortina pode-se entrever o branco do Absoluto

– o contentamento da pura consciência. Pode-se transcender nesse pequeno pedaço branco. Depois, passa-se para o próximo estágio de consciência. O quarto branco é o que realmente você tem o tempo todo ao seu redor; mesmo que as cortinas cubram a maior parte da parede branca, ele está ali, em todo lugar. E às vezes as pessoas transcendem sem saber como. Com a Meditação Transcendental, você pode se sentar e meditar enquanto está acordado. Isso é maravilhoso.

CHEGANDO LÁ

*Esse Atmã, sozinho, esse estado da forma mais simples
de consciência, sozinho, é indispensável para ver,
ouvir, contemplar e perceber.*

UPANISHADS

Algumas formas de meditação limitam-se à contemplação ou à concentração: elas o mantêm na superfície. Você não transcende, não atinge aquele quarto estágio de consciência e aquele contentamento. Assim, não se sai da superfície.

As técnicas de relaxamento só proporcionam um pouco dessa experiência. São maravilhosas e você se sente como se tivesse recebido uma massagem. Mas isso não é transcender. O transcender é uma técnica singular.

Quando você mergulha para dentro, o Eu interior está lá e a verdadeira felicidade também. Ali, existe um oceano infinito de felicidade. Começa a emergir de dentro de você um contentamento, uma felicidade física, emocional, mental e espiritual. E diminuem todas aquelas coisas que lhe prejudicavam. No ramo cinematográfico há muita pressão, há muito espaço para ansiedade e medo. Mas o transcender torna a vida um jogo, um jogo fantástico. E a criatividade realmente pode fluir. É a mesma criatividade que cria tudo o que existe. E essa criatividade está em nós.

E por que é tão fácil? Porque isso é a natureza da mente, porque a mente quer chegar nos campos de grande felicidade. É um movimento natural da mente. E quanto mais fundo mergulhamos, mais ela se apresenta, até que atingimos 100 por cento de puro contentamento. A Meditação Transcendental é um veículo que nos conduz até esse ponto. Mas é a vivência do oceano de puro contentamento e pura consciência que faz tudo.

CIÊNCIA MODERNA E CIÊNCIA ANTIGA

Em termos científicos, tem muita coisa a caminho para mostrar que o transcender e os benefícios que isso traz são uma realidade. Pela medição dos padrões EEG nas pesquisas com o cérebro, os cientistas conseguem provar se alguém está transcendendo; eles conseguem provar se o indivíduo está vivenciando o quarto estado de consciência. Eu mesmo já presenciei as demonstrações desse processo com o Dr. Fred Travis, um neurocientista.

No trabalho com a música, utiliza-se uma certa parte do cérebro. Quando se fala, utiliza-se uma outra parte. Quando se canta, utiliza-se uma parte diferente. E quando se faz cálculos matemáticos, uma outra. Mas quando se quer fazer uso de todo o cérebro, é preciso transcender. E depois, cada vez que se transcende, traz-se um pouco mais dessa consciência transcendental para o trabalho com a matemática, o canto ou o que for. Independentemente do que se faz, o cérebro mantém essa coerência. É uma experiência holística; é o funcionamento total do cérebro. E isso se torna um estado permanente à medida que você vivencia mais e mais o Campo Unificado e estimula o desenvolvimento da consciência. Isso não acontece da noite para o dia, mas com trabalho constante. A ciência védica sempre chamou atenção para a existência e a localização desse campo, afirmando que qualquer um pode vivenciá-lo. E hoje a ciência moderna dá um passo à frente ao validar essa afirmação.

EM QUALQUER LUGAR, A QUALQUER HORA

Você pode meditar em qualquer lugar. Pode meditar no aeroporto, no trabalho, onde quer que esteja.

Geralmente, eu medito de manhã, antes do café, e de noite, antes do jantar. Mas quando estou filmando, medito antes de sair e antes do almoço. E se a meditação não foi suficiente, medito quando termino de filmar.

Às vezes estou em alguns lugares onde as pessoas não fazem meditação, mas é surpreendente como elas nutrem uma espécie de amor por essa prática. Quando solicito um espaço tranquilo, elas dizem: "Oh, claro que sim, encontrarei um quarto tranquilo, bem calmo, para que você fique em paz". E lá vou eu para meditar.

A verdade é que desperdiçamos muito tempo com outras coisas. Mas tão logo acrescentamos a meditação em nossa rotina, isso se encaixa naturalmente em nossa vida.

IDENTIDADE

A verdade é que pela meditação você se torna cada vez mais *você*.

EDIÇÃO

Adoro os franceses. São os maiores amantes de filmes e protetores do cinema do mundo. Eles realmente zelam pelo cineasta e seus direitos, e levam fé na edição final. Tenho tido muita sorte por me associar com algumas companhias francesas que me respaldam.

Mas nem sempre foi assim. Quando filmei *Dune*, a edição final não foi minha. Isso foi extremamente triste porque me senti vendido e, para completar, o filme foi um fracasso de bilheteria. Se você faz uma coisa em que acredita e fracassa, dá para conviver com isso. Mas se não foi você que fez a coisa, é como morrer duas vezes. É muito, muito, doloroso.

Para os cineastas, é um completo absurdo não poder fazer os filmes da maneira que eles querem. Mas isso é muito comum no ramo cinematográfico.

Sou oriundo da pintura. E um pintor não tem esse tipo de preocupação. Ele se limita a pintar quadros. Ninguém se aproxima dele para dizer: "Você tem que mudar aquele azul". É uma piada pensar que um filme vai significar alguma coisa se uma outra pessoa se intrometer. Se você tem o direito de fazer o filme, deve ter o direito de fazê-lo à sua maneira. O cineasta é que deve decidir por cada elemento, cada palavra, cada som, cada coisa, por menor que seja. Se não for assim, o filme não forma um todo. E pode ser até que o seu filme seja uma droga, mas pelo menos é uma droga que você fez.

Para mim, então, *Dune* foi um baita fracasso. Eu sabia que teria problemas quando concordei em não fazer a edição final. Minha esperança era que desse certo, mas não deu. Lamentavelmente, o resultado final não ficou como eu esperava.

Mas, quer saber de uma coisa? Quando meditamos e a felicidade emerge de dentro de nós, isso deixa de ser doloroso. Conseguimos lidar com coisas desse tipo e seguimos em frente. Mas isso tem matado muita gente. Tem feito com que muitos desistam de filmar.

TERAPIA

Certa vez eu fui a um psicanalista. Minha forma de agir estava se tornando padronizada demais e pensei, *"bem, é melhor conversar com um psicanalista"*. Quando entrei no consultório, perguntei para ele: "O senhor acha que de alguma maneira esse processo pode prejudicar a minha criatividade?". Ele respondeu: "Bem, David, tenho que ser honesto, pode sim". Apertei a mão dele e saí.

SONHOS

Adoro a lógica dos sonhos; adoro a forma com que se desenrolam. Mas dificilmente extraio ideias dos sonhos. Tiro-as da música ou dos lugares por onde ando.

Em *Blue Velvet*, no entanto, acabei penando com o script. Escrevi quatro esboços diferentes, e me vi com problemas quando já estava quase no final do filme. Até que certo dia tive que ir a um escritório para encontrar alguém. Pedi uma folha de papel para a secretária que estava na recepção, porque de repente me lembrei de um sonho que tinha tido na véspera. Escrevi o sonho e lá estavam três elementos que solucionavam todos os problemas. Foi a única vez que isso me aconteceu.

ANGELO BADALAMENTI

Conheci Angelo Badalamenti durante a filmagem de *Blue Velvet*, e desde então ele tem feito música para todos os meus filmes. Ele é um irmão para mim.

Nós trabalhamos da seguinte maneira: gosto de me sentar ao lado dele no piano. Eu falo e Angelo toca. Ele toca as minhas palavras. Às vezes, ele não entende o que digo e toca muito mal. E eu retruco: "Não, não, não, Angelo". Mudo um pouco as minhas palavras e ele toca de outra maneira. Aí eu digo: "Angelo, ainda não está bom", e mudo ainda mais as minhas palavras. Durante esse processo ele acaba pegando alguma coisa e eu falo: "É isso!". E ele então começa a executar a magia dele no rumo certo. É tão divertido. Se Angelo fosse meu vizinho, eu adoraria fazer isso todos os dias. Mas ele vive em Nova Jersey e eu, em Los Angeles.

SOM

Às vezes, ouve-se uma música que se casa com uma cena do roteiro. Quando estou filmando, costumo ouvir música no *headphone*, enquanto acompanho os diálogos. Ouvindo-se a música escolhida para uma cena, verifica-se se as coisas correm bem – por exemplo, o andamento ou a iluminação. É só um outro instrumento para assegurar que estamos seguindo a ideia original e sendo coerentes com ela. Por isso, é muito bom quando se tem música à mão para tocar, a fim de ver se a cena funciona.

O som é muito importante para o clima de um filme. Ter a atmosfera certa em um cômodo, o clima certo para as externas e o diálogo no tom exato, é como tocar um instrumento musical. Você tem que experimentar muito até chegar no ponto. Isso geralmente acontece depois que o filme é editado. Mas eu sempre tento pegar aquilo que chamo de "lenha". Eu tenho então pilhas de coisas para fazer minhas tentativas e ver se estão dando certo. Tão logo o som é colocado na cena, você percebe se ela está funcionando e diz, *"ora, isso não está nada bom"*.

ELENCO

Não interessa o quão fantástico é um ator; na escolha do elenco, é preciso selecionar alguém que combine com o papel, alguém que seja capaz de encarnar a personagem.

Nunca faço testes com os atores. Acho que isso é um tormento para eles e inútil para mim. Além disso, eu teria que ensaiar com cada um deles, o que leva muito tempo. Por isso, gosto de conversar com os atores e prestar atenção enquanto eles falam. Começo a imaginá-los na trama enquanto falam. Alguns param na metade do caminho. Outros vão até o fim e aí eu tenho o ator certo.

Em *Blue Velvet*, trabalhei com Johanna Ray como diretora de elenco. E nós dois pensamos em chamar Dennis Hopper. Mas todos diziam: "Não faça isso, você não pode trabalhar com o Dennis. Ele está péssimo". Assim, continuamos a procurar outros atores. Mas um dia o agente do Dennis telefonou e disse que ele estava desintoxicado e sóbrio, e que já tinha feito um outro filme e que eu podia pedir informações ao diretor. Depois, o próprio Dennis telefonou e disse: "Tenho que interpretar o Frank porque eu sou o *Frank*". Isso me deixou arrepiado.

Às vezes eu tenho alguém em mente desde o início. Foi assim com uma personagem em *Mulholland Drive*. Eram mais ou menos sete e meia da noite e eu estava ditando umas coisas para a minha assistente – essa mulher maravilhosa. De repente, comecei a falar de uma maneira engraçada. Falei como o caubói de *Mulholland Drive*. Ele estava se manifestando. Depois de algum tempo me dei conta de que o meu amigo Monty Montgomery seria perfeito para o papel. E ele ainda nem era um ator. Mas na verdade ele é um ator, um grande ator. Ele casou com aquela personagem.

Existem alguns atores que eu dispenso: Kyle McLaughlin, por exemplo. Gosto do Kyle e às vezes chego a pensar que ele é uma espécie de *alter ego*. Mas a regra da escolha é obviamente pegar a pessoa certa para o papel. E é assim que tudo funciona. A verdade então é que mesmo que Kyle seja meu amigo, se não for perfeito para o papel, ele não será escalado.

O que também é realmente interessante é que essa regra não é fixa e pode acontecer de você estar almoçando ou fazendo outra coisa e de repente perceber um outro lado daquela pessoa que não servia para o papel. E isso fica na sua cabeça. Depois, um novo papel se disponibiliza e alguém diz: "É, o Kyle não daria para fazer esse papel". Mas você se lembra daquele outro lado dele e retruca: "Ele daria, sim".

ENSAIO

Quando você ensaia, não importa o lugar onde está. Basta reunir os atores e escolher a cena que define as personagens em sua mente. E aí você tem o seu ensaio. E isso ocupa todo o lugar.

Depois, você fala. Muitas vezes esse discurso parece não fazer muito sentido. Mas faz sentido para mim e para as pessoas com quem estou falando. Pode-se perceber que essa fala faz sentido. A partir daí, a união se faz mais intensa no ensaio seguinte. E essa união cresce a cada ensaio.

Existem muitas coisas que podem ser ditas, especialmente no início. Você pode dizer muitas coisas, algumas vezes estranhas ou bobas. Mas pode desenvolver pequenos códigos com certos atores e atrizes. Para mim, por exemplo, "mais vento" significa "mais mistério". Isso é algo esquisito. No entanto, pouco a pouco, só pelo movimento de sua mão ou por uma palavra dita, o outro responde, "ah, entendi". E a certa altura dos primeiros ensaios, os atores terminam por captar a sua vontade. Depois, eles fluem. E todo o talento deles toma o rumo certo.

O mesmo acontece com cada um que faz parte do trabalho. Muitas vezes se pensa que os ensaios se restringem aos atores. Mas há ensaios para todos os integrantes da equipe, de cada departamento. A ideia é juntar a todos em um mesmo rastro – o rastro indicado pelas ideias.

Assim, o contrarregra, por exemplo, pode aparecer com um monte de acessórios errados, mas você diz umas poucas palavras e ele responde, "ah, entendi", e volta atrás, agora mais próximo de você. Depois, você diz outra vez umas poucas palavras e ele volta atrás, mas agora com os acessórios certos. Esse tipo de conversa estimula o processo de ação e reação.

Isso funciona igualmente com todos os setores, e é importante que seja assim porque é crucial que todos os elementos do filme estejam coesos. É sempre o mesmo tipo de processo. Começa-se com um ensaio e não importa o quão longe se vai. O importante é começar. E talvez até você diga, "ai, meu Deus, acho que fomos longe demais". (É claro que isso é dito internamente!). Depois, você começa a falar e a ensaiar. E tudo vai se aproximando cada vez mais. É algo um tanto abstrato, mas todo mundo acaba compreendendo. Cada pessoa tem o tempo certo para o clarão do entendimento. E a partir daí ela diz, "acho que entendi". Então, você ensaia mais uma vez. E como não quer matar o clima, dá um tempo até começar a filmar.

Sua cabeça está sempre voltada para a ideia original, para o clima, para as personagens. E, através de conversas e ensaios, a beleza logo se aproxima. E quando todos captam a direção, eles desenrolam a linha com você e fluem no fluxo da ideia original. É assim que funciona.

MEDO

Escuto muitas histórias a respeito de diretores que gritam com os atores ou que de alguma maneira os esganam para obter uma atuação. E alguns ficam tão amedrontados que pensam em cair fora. Mas acho que isso é uma piada, uma piada ao mesmo tempo patética e burra.

Quando se fica amedrontado, perde-se o interesse pelo trabalho. Hoje, muita gente tem esse tipo de emoção. Assim, o medo acaba se transformando em ódio e não se quer ir mais trabalhar. Depois, muitas vezes o ódio se transforma em ira dirigida aos chefes e ao trabalho.

Se vou para o *set* com medo, obtenho um por cento e não os cem por cento que poderia obter. E deixa de ser divertido estar com os outros. E *deveria ser* divertido. O que se espera tanto no trabalho como na vida é que estejamos juntos. Todos nascemos para sermos felizes, felizes como cachorrinhos abanando os rabinhos. Nascemos para viver uma grande vida, uma vida que se espera ser fantástica. Se em vez de instaurar o medo, a empresa oferecesse para todos um meio de mergulhar fundo – de expandir a energia e a consciência –, talvez as pessoas até trabalhassem de graça. Elas seriam mais criativas. E a empresa daria um salto à frente. Bem que podia ser assim. Não é a realidade, mas não seria difícil fazer isso.

TODOS JUNTOS, AGORA

O que se deseja no trabalho é uma equipe que trabalhe feliz junto a você. É preciso desenvolver a capacidade de se focar nas coisas como um grupo. É preciso se concentrar em uma coisa de cada vez e não ter um milhão de coisas perturbando. Essa capacidade se desenvolve quando as pessoas começam a meditar e mergulhar fundo.

Não é à toa que existe a expressão: "Onde há atenção, há vida". Ou seja, quando você se foca em uma coisa, isso é mais ou menos como se a fizesse movimentar e vibrar. Você então diz: "É isso que faremos hoje, esse é o nosso lugar; é isso que queremos realizar". Assim, o trabalho melhora e o grupo fica mais feliz.

TWIN PEAKS

As ideias surgem de maneiras estranhas quando estamos atentos. E às vezes acontecem coisas no *set* que nos fazem sonhar.

Estávamos filmando o episódio piloto de *Twin Peaks* e tínhamos um camareiro chamado Frank Silva. Frank nunca foi cotado para fazer parte de *Twin Peaks*, nem em um milhão de anos. Mas estávamos filmando na casa de Laura Palmer e ele estava mudando os móveis de lugar. Eu me encontrava no *hall* de entrada, debaixo de um ventilador. E uma mulher disse: "Frank, não empurre o armário para a porta dessa maneira. Você vai acabar se trancando". E me veio à mente a cena de Frank no quarto. Corri até ele e perguntei: "Você é ator?". Ele respondeu: "Bem, acontece que sou, sim"; afinal, todos são atores em L.A., e talvez no mundo inteiro. Então, eu disse: "Frank, você vai entrar nessa cena".

Fizemos uma tomada do quarto; duas vezes sem Frank e depois com ele imóvel na base da cama. Mas eu não fazia ideia do sentido ou da utilidade daquela cena.

Naquela noite estávamos no andar de baixo, filmando a mãe de Laura Palmer no sofá. Ela estava sentada, triste e atormentada. De repente, ela se dá conta de alguma coisa em si mesma e se levanta aos gritos. Sean, o operador de câmera, teve que girá-la e seguir o rosto de Laura à medida que ela se levantava. Achei que ele tinha feito um trabalho perfeito. Então, eu disse: "Corta. Perfeito, maravilhoso!".

E ele replicou: "Não, não, não. Não está perfeito, não".

– O que houve?

– Havia alguém refletido no espelho.

– Quem estava refletido no espelho?

– O Frank.

Coisas como essa acontecem e nos fazem começar a sonhar. E uma coisa leva a outra, e se você se solta, abre-se um leque de outras coisas.

O SERIADO

Adoro entrar em outros mundos, assim como adoro mistérios. Por isso, não gosto de saber o que vem pela frente. Gosto da emoção da descoberta. Acho que uma das boas coisas que acontecem nos seriados é que podemos entrar neles e penetrar cada vez mais fundo. Somos envolvidos pelo mistério e as coisas começam a surgir.

A popularidade dos seriados da TV vem em ondas. Os canais fazem pesquisas periódicas. E essas pesquisas mostram aspectos diferentes – uma vez que se tenha determinado que o público não está assistindo semanalmente. As pessoas podem assistir duas vezes por mês e acabar perdendo o interesse e o fio da meada, descartando assim o seriado. Obviamente, os canais não querem que o público caia fora, de modo que azedam o seriado por algum tempo e logo terminam com ele.

Não sei por que a emissora deixou que *Twin Peaks* se tornasse um piloto. Mas quando permitem que alguma coisa se torne piloto, isso não quer dizer que vão transformá-la em seriado. Isso leva tempo. Mesmo assim, o fato é que nunca fazem ideia do que vai acontecer. Eles enviam essas coisas para um lugar em particular; se não me engano, Filadélfia. Lá, existe gente encarregada de assistir as séries e graduá-las. De qualquer forma, meu piloto obteve uma boa pontuação, embora não espetacular. Não sei o que houve entre esse momento e o momento em que a série entrou no ar, mas a verdade é que teve um público enorme na noite de estreia. Foi a sorte grande.

O QUARTO VERMELHO

Era um dia típico de verão e eu estava no Consolidated Film Industries, um laboratório cinematográfico em Los Angeles. Fazíamos a edição do piloto de *Twin Peaks* e já tínhamos encerrado o trabalho do dia. Eram mais ou menos seis e meia da tarde quando saí de lá. Havia carros no estacionamento. Coloquei as mãos no teto de um carro e ele estava muito, muito aquecido; ainda que não estivesse pegando fogo, estava bem quente. Fiquei apoiado ali e aí – ssssst! – o Quarto Vermelho apareceu. E o cenário surgiu, e depois, alguns diálogos.

Eu já tinha então a ideia, alguns fragmentos. E me apaixonei por isso.

É assim que começa. A ideia aparece e instiga a compor esse Quarto Vermelho. Depois, você pensa a respeito.

"Espere um pouco", você diz, "as paredes são vermelhas, mas não são pesadas". Então, você pensa um pouco mais. "Estão cobertas pelas cortinas. Não são cortinas opacas e sim translúcidas". Então, as cortinas são acrescidas. "Mas, o assoalho... precisa de alguma coisa". Você retrocede à ideia e se dá conta de que há alguma coisa no assoalho – está tudo lá. Então, você faz essa coisa no assoalho. E começa a recordar mais detalhes da ideia. Faz algumas tentativas e comete erros, mas tudo é de novo arrumado; adiciona outros itens até entrar em sintonia com a ideia original.

PERGUNTE À IDEIA

*A forma que engloba aquilo que aparece na consciência –
isso é para ser mantido na consciência.*

UPANISHADS

A ideia é a coisa inteira. Mantendo-se fiel à ideia, você fica sabendo tudo o que quer saber, de verdade. Você só precisa continuar trabalhando para fazer com que a ideia se pareça com o que parece ser; sentir como ela sente, soar como ela soa e ser como ela é. Isso é muito estranho porque, quando se muda de rumo, logo *se percebe*. Você sabe quando faz alguma coisa inadequada; ela *soa* como inadequada. É como se essa coisa dissesse "não, não; isso não está como a ideia disse que era". E quando se faz o certo, dá para sentir que está certo. É uma intuição: você sente e pensa durante o processo. Inicia-se alguma coisa e isso entra cada vez mais em sintonia à medida que se trabalha. Mas é a ideia que fala durante o tempo todo. A certa altura você sente que está no ponto. E sua expectativa é que essa sensação também seja sentida pelos outros.

Às vezes eu entro em um *set* construído a base de uma ideia, e por um momento sinto que me mantive fiel à ideia. Essa sensação é fantástica. Mas muitas vezes você não constrói o *set* e encontra uma locação que lhe parece adequada, tendo uma ideia como base. E essa locação pode ser modificada de diversas maneiras para ficar mais próxima da ideia. Os acessórios e a luz podem ser alterados. A luz desempenha um papel importante nesse processo.

Você só precisa se manter trabalhando e trabalhando até que a coisa lhe pareça adequada, tendo uma ideia como base. Se você prestar atenção na disposição e harmonia de todos os elementos, ficará surpreso quando de repente notar o quanto se aproximou daquele lampejo original.

Durante o processo também surgem novas ideias. E um filme nunca está terminado até que termine, de modo que estamos sempre atentos. Algumas vezes ocorrem esses felizes acidentes. Acidentes que podem ser as últimas peças do quebra-cabeça, as peças que o completam.

E você se sente muito agradecido: *"Como isso acabou acontecendo?"*

Durante a filmagem de *Blue Velvet* estávamos fazendo uma cena no apartamento de Ben, vivido por Dean Stockwell. Em dado momento Dean teria que cantar *In Dreams*, de Roy Orbison. Ele dublaria a música, cantando-a para Dennis Hopper. Segundo o roteiro, ele pegaria um pequeno abajur numa mesa e o usaria como microfone.

Mas no *set*, à frente dele, havia uma dessas luminárias de mesa – Patricia Norris, a produtora encarregada do cenário, disse que não a tinha colocado lá. A luminária tinha um fio longo e uma lâmpada embutida que iluminava o rosto de Dean. E ele só teve que pegá-la. Achou que estava ali para ele. Acontecem coisas desse tipo.

Às vezes ocorrem acidentes menos felizes, mas é preciso trabalhar com isso. Você faz adaptações. Descarta uma coisa e depois outra e depois outra. Mas se você está atento à ideia original – ainda fiel a ela –, ficará surpreso em ver que no fim das contas até os acidentes são pertinentes. Eles são fiéis à ideia.

PÚBLICO EXPERIMENTAL

Embora não se possa fazer um filme pensando no público, a certa altura, antes de terminá-lo, é preciso experimentá-lo com um grupo. Às vezes, perdemos um pouco de objetividade e temos que verificar o que está dando e o que não está dando certo. Esse tipo de exibição pode ser infernal. Mas, repito, o filme não está terminado até que termine. Depois que o filme é exibido para esse grupo, sabemos o que deve ser cortado ou acrescentado. Mas nada disso implica erro. Algumas cenas removidas do filme não são necessariamente ruins. Acontece que, para enxugar o filme, elas acabam saindo. Isso faz parte do processo e sempre acontece.

GENERALIZAÇÕES

Acho que é perigoso afirmar que nos filmes a mulher representa todas as mulheres ou que o homem representa todos os homens. Alguns críticos adoram as generalizações. Mas a verdade é que se trata de *uma* personagem em particular *numa* história em particular, trilhando *uma* estrada em particular. Essas particularidades formam um mundo próprio. E às vezes é um mundo onde gostamos de entrar e viver.

ESCURIDÃO

Já que a meditação é fenomenal e traz tanto contentamento, as pessoas ficam intrigadas e querem saber por que os meus filmes são tão sombrios e violentos.

Hoje em dia existem muitas coisas sombrias neste mundo e a maioria dos filmes reflete o mundo em que vivemos. Os filmes são histórias. E histórias sempre implicam conflito. Implicam altos e baixos, bem e mal.

Eu me apaixono por algumas ideias. E continuo sendo o que sou. Agora, se eu disser que fiquei iluminado e que tal filme é iluminador, isso já é outra história. Não passo de um cara de Missoula, em Montana, que faz o seu trabalho e leva a vida como todo mundo.

Todos nós refletimos o mundo em que vivemos. Mesmo quando se faz um filme de época, acaba-se refletindo o próprio tempo. Os filmes de época diferem visivelmente, dependendo de quando foram feitos. É a sensibilidade – o modo com que descrevem certos temas – e essas coisas mudam da mesma forma que o mundo muda.

Assim, mesmo sendo de Missoula, em Montana, que não é uma grande capital cosmopolita, posso estar em qualquer lugar frente à estranheza em que o mundo de hoje se transformou e ter uma maneira própria de olhar as coisas.

SOFRIMENTO

O artista precisa entender o conflito e o estresse. Essas coisas lhe instigam ideias. Mas garanto que estresse demais imobiliza a criatividade. E se há muito conflito, isso se interpõe à criatividade. Podemos entender o conflito, sem necessariamente viver dentro dele.

Nas histórias, nos mundos para onde nos transportamos, existe sofrimento, confusão, sombras, tensão e raiva. Contudo, o cineasta *não* tem que sofrer para *mostrar* o sofrimento. Você pode mostrar o sofrimento, apresentar a condição humana, sem internalizar essas coisas. Você é quem orquestra tudo isso, mas de fora. Deixe o sofrimento para as suas personagens.

É senso comum: quanto mais o artista sofre, menos criativo ele fica. O mais provável é que trabalhe de má vontade e que dificilmente faça algo de interessante.

A essa altura alguém pode mencionar Vincent Van Gogh, como exemplo de um pintor que fez coisas maravilhosas a despeito ou por conta do sofrimento. Acredito que Van Gogh teria feito coisas ainda mais maravilhosas se não fossem pelas restrições impostas por seus tormentos. Não acredito que tenha sido a dor que o tornou tão grande; a pintura é que lhe deu o pouco de felicidade que teve.

Alguns artistas têm a raiva, a depressão e a negatividade como suas molas propulsoras. Acham que devem se agarrar à raiva e ao medo para colocar no trabalho que fazem. E abominam a ideia de serem felizes – isso realmente os desagrada. Acham que a felicidade os fará perder o estímulo e o poder.

Mas não se perde o estímulo quando se medita. Assim como não se perde a criatividade. E não se perde o poder que se tem. Na verdade, quanto mais meditamos e transcendemos, mais as coisas se desenvolvem e percebemos isso. Quando mergulhamos mais fundo, ganhamos mais compreensão de todos os aspectos da vida. Dessa forma, o entendimento aumenta, o apreço cresce, a grande figura se forma e a condição humana se torna cada vez mais visível.

Se você é artista, deve *conhecer* a raiva, mas sem ser afetado por ela. Para criar, é preciso ter energia, é preciso ter clareza. É preciso que se esteja apto a pescar as ideias. É preciso que se esteja forte o bastante para combater a inacreditável pressão e o estresse deste mundo. Faz então sentido nutrir a fonte de onde vêm toda essa clareza e energia – mergulhar no oceano de pura consciência e reavivá-lo. Isso é estranho, mas minha experiência afirma que é verdadeiro: o contentamento é como um casaco à prova de fogo. É uma proteção. Com esse contentamento, você tem a invencibilidade. E quando as negatividades começam a se dissolver, as ideias são pegas e vislumbradas com maior entendimento. Você se empolga com mais facilidade. Fica com mais energia, com mais clareza. A partir daí pode trabalhar realmente e traduzir as ideias de um jeito ou de outro.

A LUZ INTERIOR

> *Ele que em tudo vê o Si Próprio,*
> *e o Si Próprio está em tudo o que ele vê,*
> *como um vidente que tira suas visões do nada.*
> *Para o iluminado, tudo o que existe é o Eu Interior,*
> *como o sofrimento e a desilusão podem então abalar*
> *aquele que conhece essa Completude?*
>
> UPANISHADS

A negatividade é como a escuridão. E o que é a escuridão? Você olha para o escuro e se dá conta de que de fato isso é nada: é a ausência de alguma coisa. Acende-se a luz e termina a escuridão.

Mas a luz do sol, por exemplo, não elimina a negatividade. É uma luz que elimina a escuridão, mas não a negatividade. Que tipo de luz nós devemos então acender para dissipar a negatividade, tal como a luz do dia dissipa a escuridão? Devemos acender a luz da pura consciência, o Eu interior, a luz da unidade.

Não combata a escuridão. Nem mesmo se preocupe com a escuridão. Acendendo a luz, a escuridão se dissipa. Acendendo a luz da pura consciência, a negatividade se dissipa.

Talvez você esteja dizendo: "Isso soa tão bem". Isso *também* soa bem. Mas é uma coisa real.

A TORRE DE OURO

*Assim como um espelho reluz quando está limpo,
aqueles que se veem a Si Próprios também reluzem.
Eles são eternamente preenchidos de felicidade.*

UPANISHADS

De que forma a meditação repele a negatividade? Imagine que você é o prédio Empire State, com centenas de salas, e que uma dessas salas está entulhada de lixo. E que *você* foi quem pôs todo esse lixo ali. Agora, você pega um elevador que é o mergulho para dentro. E você vai para o subterrâneo do prédio, para o Campo Unificado debaixo do prédio – a pura consciência. Esse lugar é como eletricidade dourada. Você vivencia isso. E essa eletricidade ativa um daqueles robôs de limpeza. Eles começam a se movimentar e iniciam a limpeza das salas. Eles transformam em ouro o lugar em que havia sujeira, tralhas e lixo.

A sujeira se sente incomodada pela limpeza e simplesmente se evapora, some de vista. Enquanto isso, você limpa e prepara o lugar. E agora está a caminho de um maravilhoso estado de iluminação.

RELIGIÃO

Tive uma educação presbiteriana. Respeito todas as pessoas que são religiosas, e acho que elas encontram algo de lindo e extraordinário na religião. Mas o fato é que essas religiões são muito antigas e alguns dos ensinamentos originais dos mestres acabaram se perdendo. O que importa então é que todos perseguem o mesmo e maravilhoso objetivo.

No fim das contas todas as religiões fluem para o mesmo oceano. A Meditação Transcendental é uma técnica que nos permite experimentar esse oceano, uma técnica praticada por gente de todas as religiões. A Meditação Transcendental por si só não é uma religião, não combate religião alguma e não se coloca contra nada.

DROGAS

Todos querem expandir a consciência e obter o contentamento. É um desejo natural, um desejo humano. E muita gente busca isso nas drogas. Mas o problema é que o corpo, a fisiologia, sofre um forte impacto com elas. As drogas afetam o sistema nervoso e por isso tornam mais difíceis essas experiências por conta própria. Já fumei maconha, mas não por muito tempo. Frequentei a escola de arte nos anos 60 e pode-se imaginar qual era o cenário. Mas os meus amigos foram os primeiros a dizer "não, não, não, David, não use drogas". Tive muita sorte. Além do mais, as experiências mais profundas encontram-se de forma natural. Logo que a consciência começa a se expandir, essas experiências aparecem. Tudo pode ser visto. Basta expandir a dimensão da consciência. E essa dimensão pode se expandir ao infinito, sem limites. Ela é a totalidade, uma totalidade que você pode obter. Todas essas experiências estão lá, só para você, e sem os efeitos colaterais das drogas.

ACENDER A LUZ

*Nas cercanias da Yoga – unidade –
eliminam-se as tendências hostis.*

YOGA SUTRAS

Somos como lâmpadas. Quando o contentamento começa a crescer dentro de nós, isso é como uma luz; essa luz afeta o ambiente em volta.

É desagradável quando se entra em algum lugar onde acontece uma discussão. Dá para sentir. Mesmo que a briga tenha terminado, dá para sentir. Mas quando se entra em algum lugar onde alguém acabou de meditar, dá para sentir o contentamento. É muito bom sentir isso.

Todos nós afetamos o ambiente em que vivemos. Desfrutamos essa luz interior, e quanto mais a estimulamos, mais a desfrutamos. E essa luz acaba se expandindo cada vez mais para fora de nosso corpo.

INDUSTRIAL SYMPHONY Nº 1

Industrial Symphony n º1 foi a minha primeira e única produção teatral. Aconteceu na *Brooklyn Academy of Music*. Tivemos duas semanas para montá-la, mas um único dia no palco do teatro para finalizá-la e fazer duas exibições.

Trabalhei na música junto a Angelo Badalamenti e nós fizemos algumas tentativas sonoras para ligar diferentes elementos. Foram outras pessoas que montaram o cenário. Mas quando ele ficou pronto, tudo teve que ser ensaiado e exibido em *um só dia*.

Até que chegou o dia e tivemos uma parte da manhã e a tarde inteira para ensaiar e depois realizar duas exibições. Desde o início eu quis logo ensaiar e ensaiar, aproveitando o tempo de que dispúnhamos. Começamos o ensaio e depois de uma hora e meia a coisa ainda não tinha entrado nos trilhos. E com isso me dei conta de que estava frente a um fantástico e definitivo desastre. Então, pensei, *"não vou conseguir fazer isso, a menos que tenha uma ideia"*. E, bingo – a ideia aflorou.

Talvez não fosse uma ideia tão revolucionária quanto a invenção da roda – talvez essa ideia não passasse de bom senso –, mas a acatei e a transmiti a todos. Eu chegava junto a alguém e dizia: "Está vendo aquilo ali? Quando aquele homem sair de lá, você entra". E ele dizia: "Está bem". E eu continuava: "E quando entrar lá, você faz isso e isso e isso". "Está bem". Depois, eu me aproximava de uma outra pessoa e dizia: "Está vendo aquele homem ali? Quando ele fizer isso e isso e isso, é sua deixa para entrar aqui e fazer isso e isso e isso". Não ensaiamos de forma apropriada, mas felizmente tudo deu certo.

LOST HIGHWAY

Na época em que escrevi o roteiro de *Lost Highway*, junto a Barry Gifford, eu estava obcecado com o julgamento de O. J. Simpson. Embora não tivesse conversado a respeito com Barry, acho que o filme acabou associado ao caso.

O que me surpreendia em O. J. Simpson era a sua capacidade de sorrir e dar risadas. E conseguia jogar golfe despreocupadamente. Eu me perguntava como é que alguém que tinha feito aquele tipo de coisa podia continuar vivendo. E foi então que descobrimos esse termo psicológico fenomenal – "fuga psicogênica" – que descreve o evento no qual a mente se ilude para escapar do horror. Eis por que de certo modo *Lost Highway* gira em torno disso. E também sugere que nada pode ficar escondido para sempre.

RESTRIÇÕES

Algumas restrições ativam a mente. Quando se tem um monte de dinheiro, pode-se relaxar e deixar que ele resolva os problemas que apareçam. Não se precisa esquentar a cabeça. Mas quando existem algumas limitações, muitas vezes surgem ideias criativas e baratas.

Meu amigo Gary D'Amico é o homem dos efeitos especiais. E ele adora explodir as coisas. Foi quem explodiu a casa em *Lost Highway*. E sem dispor de material para fazer isso. Nem eu sabia que aquela casa explodiria. O produtor perguntou: "Vamos colocar a casa abaixo? Quer salvar alguma coisa?". Respondi: "Colocá-la abaixo?". E comecei a pensar. Depois, fui até o Gary e disse: "E se nós explodíssemos alguma coisa?". O rosto dele se iluminou. E continuei: "Eu quero explodir essa casa".

Ele retrucou: "Ora, você já devia ter falado pra mim. Não sei se posso fazer isso". Mas depois ele disse: "Claro que podemos fazer isso". Saiu em seguida e voltou com tudo o que tinha à mão. E foi a visão mais maravilhosa que já tive. Se ele tivesse o material, se soubesse com antecedência, talvez a cena não tivesse sido tão maravilhosa. Foi uma *explosão suave*. Uma explosão que mandou tudo pelos ares. Porém, suavemente. E depois filmamos. E foi incrível.

MULHOLLAND DRIVE

Originalmente, *Mulholland Drive* era para ser um seriado de televisão. Nós o filmamos como um piloto, com o final em aberto para fazer com que o público quisesse continuar assistindo.

Fiquei sabendo que o filme foi assistido às seis da manhã pelo homem da ABC, o responsável pela decisão de torná--lo ou não um seriado. Disseram-me que o assistiu enquanto tomava café, andando pela sala e falando ao telefone. E ele odiou o que viu; achou enfadonho. Assim, rejeitou o projeto.

Depois, felizmente, tive a chance de torná-lo um filme. Mas eu estava sem ideias.

Ninguém usa a meditação para obter ideias. O que se faz é expandir o reservatório e sair dele revigorado, com muita energia e aberto para as ideias que virão.

Mas nesse caso em particular, com pouco tempo para transformar o piloto em filme, comecei a meditar e em 10 minutos lá estavam as ideias, em algum lugar. Essas ideias chegaram como um colar de pérolas. E entraram no meio, no começo e no fim. Eu me senti abençoado. Mas foi a única vez que me aconteceu durante uma meditação.

A CAIXA E A CHAVE

Não faço ideia do que sejam.

O SENSO DE LUGAR

Em termos de cinema o senso de lugar é bastante crítico, pois sempre se quer penetrar em outros mundos. Cada história abriga o seu próprio mundo, suas próprias emoções e seu próprio clima. Então, tenta-se juntar todas essas coisas – os pequenos detalhes – para criar o senso de lugar. Há uma porção de coisas a fazer com a iluminação e o som. Os sons no interior de um aposento ajudam a compor um mundo nesse espaço e preenchê-lo ainda mais. Embora muitos cenários sejam excelentes para tomadas panorâmicas, na minha cabeça eles precisam ser bons o bastante para que a câmera possa esquadrinhar, para exibir os pequenos detalhes. Talvez não se consiga vê-los por inteiro, mas o público tem que sentir que eles estão lá, e de alguma maneira perceber que aquilo é um lugar real, um mundo real.

BELEZA

Quando se observa um prédio antigo ou uma ponte enferrujada, sabe-se que natureza e homem trabalharam juntos. Quando se pinta o prédio, a magia desaparece. Mas se ao prédio é permitido envelhecer, homem e natureza se unem então em trabalho – isso é muito orgânico.

Mas em geral as pessoas não se interessam em permiti--lo, exceto os cinegrafistas.

TEXTURA

Não gosto necessariamente de corpos decompostos, mas existe uma textura extraordinária em um corpo decomposto. Você já viu algum animalzinho decomposto? Eu me deleito em reparar nessas coisas, assim como gosto de filmar o tronco de uma árvore, um pequeno galho, uma xícara de café ou um pedaço de torta. Quando se filma isso em *close*, as texturas são maravilhosas.

TRABALHO COM MADEIRA

A madeira é um dos melhores materiais para se trabalhar. Existem madeiras macias e madeiras duras, e todas apresentam uma beleza própria quando estão sendo trabalhadas. Quando vejo uma peça de pinho recém-cortada, o aroma me leva direto ao paraíso. Toda vez que sinto o cheiro de folhas acontece o mesmo. Eu tinha o hábito de mascar a resina do pinheiro de Ponderosa, uma seiva que escorre e seca ao longo do tronco da árvore. Quando se consegue um pedaço fresco, é igual a um xarope. Escorre entre os dentes. Mas às vezes é duro como mel velho. Você masca e o sabor do pinho o deixa muito doido, mas no bom sentido.

O pinho é fácil de se trabalhar e de se conseguir porque é uma madeira leve. Na minha juventude eu fazia muitas coisas com pinho. Mas depois caí de amores pelo abeto de

Douglas. Quando se lustra uma peça do abeto de Douglas, nota-se a fenomenal beleza interior que tem. E quando se juntam duas peças de madeira, suas muitas possibilidades são logo percebidas. Aprendemos alguns truques ao longo do caminho.

E lá estava então Günter, um carpinteiro alemão que não usa ferramentas elétricas de jeito nenhum. Chegou lá em casa com as ferramentas dentro de uma magnífica caixa de madeira. Pude observá-lo: fez um trabalho minuciosamente detalhado no abeto de Douglas. Uniu duas peças de madeira e depois poliu a junta com as mãos, e a junta desapareceu. Foi uma cena mágica, as peças se encaixaram de forma magistral. Günter é um verdadeiro carpinteiro.

TER UM SETUP

Em certas manhãs de um mundo perfeito você pode acordar, tomar café, terminar a meditação e dizer: "Está bem, hoje vou à oficina para trabalhar num abajur". Quando essa ideia surge, mesmo que se possa vê-la, não se pode realizá-la senão com aquilo que costumo chamar de *"setup"*. Você pode precisar, por exemplo, de uma oficina de trabalho ou de um ateliê de pintura. Assim como pode precisar de um estúdio musical. Ou de uma sala de computação onde possa escrever alguma coisa. É crucial que se tenha um sentido de organização; assim, nos momentos em que surge uma ideia, tem-se um lugar e as ferramentas para fazê-la acontecer.

Quando não se tem um *setup*, muitas vezes surge a inspiração, a ideia, mas não se tem o lugar ou os instrumentos para compô-la. A ideia acaba então apodrecendo, sentada. E, com o tempo, desaparece. Deixamos de realizá-la – e isso corta o coração.

FOGO

Sentar na frente do fogo é hipnótico. É mágico. Eu sinto o mesmo com a eletricidade. E com a fumaça. E com as luzes bruxuleantes.

A LUZ NO FILME

Com muita frequência a luz e o espaço compõem a atmosfera da cena. E mesmo que o espaço não seja perfeito, pode-se trabalhar a luz para corrigi-lo, de modo que a atmosfera se adapte à ideia original.

A luz pode fazer toda a diferença no filme e até mesmo na personagem.

Adoro ver gente saindo da escuridão.

THE STRAIGHT STORY

Não escrevi *The Straight Story*. Foi apenas um ponto de partida para mim, por conta de sua total linearidade. Mas depois acabei me apaixonando pela emoção do roteiro. Você também pode se apaixonar por algo que já existe, e isso é como se apaixonar por uma ideia. Surge aquele sentimento de que a coisa pode dar em filme e é isso que o guia.

HERÓIS DO CINEMA

Sou um grande admirador de Billy Wilder. Gosto particularmente de dois filmes que criam um mundo especial e singular: *Crepúsculo dos deuses* e *Se meu apartamento falasse*. E há Fellini, uma tremenda inspiração. Adoro *A estrada da vida* e *8 ½* – mas todos os seus filmes são impecáveis e singulares nos roteiros, nas personagens e no clima.

Gosto de Hitchcock. *Janela Indiscreta* me deixa doido; no bom sentido, é claro. Há tanto aconchego em James Stewart naquela sala, uma sala tão incrível, e as pessoas que nela entram – Grace Kelly, por exemplo, e Thelma Ritter –, e é tão fantástico que todos estejam em meio a um mistério que se desenrola fora de suas janelas. É pura magia; todos que o assistem sentem isso. É tão bom voltar no tempo e visitar aquele lugar.

FELLINI

Certa vez estava filmando um comercial em Roma e duas pessoas de lá tinham trabalhado com Fellini. Ele estava hospitalizado no norte da Itália, mas segundo os rumores seria removido para Roma. Então, eu disse: "Será que posso lhe fazer uma visita?". Os dois responderam: "É claro, deixe com a gente". Houve uma tentativa frustrada na noite de quinta-feira, mas fomos na noite seguinte. Eram seis horas de um anoitecer de verão – uma noite morna e maravilhosa. Eu estava só com um dos amigos e fomos levados para o quarto de Fellini. Havia um outro homem dentro do quarto e meu amigo o conhecia; entramos e fomos conversar com Fellini. Ele me fez sentar. Estava sentado numa pequena cadeira de rodas entre duas camas; pegou minha mão e assim sentados conversamos por uma hora e meia. Não lhe perguntei muita coisa. Limitei-me a ouvir. Falou dos velhos tempos, de como eram as coisas. Contou histórias. Fiquei realmente encantado por estar sentado perto dele. E depois fomos embora. Isso aconteceu na noite de sexta-feira; no domingo, entrou em coma e nunca mais acordou.

KUBRICK

Stanley Kubrick é um dos meus cineastas preferidos, e no início de minha carreira me honrou de tal maneira que de fato me encorajou. Eu estava trabalhando em *O Homem Elefante* e me encontrava no corredor do *Lee International Studios*, na Inglaterra. Jonathan Sanger, um dos produtores do filme, apresentou-me a uns sujeitos que trabalhavam com George Lucas e disse: "Eles têm uma história para você". Respondi: "Está bem".

Eles começaram a falar: "David, ontem nós estávamos no *Elstree Studios* e encontramos o Kubrick. Ficamos conversando até que nos perguntou se não gostaríamos de ir à sua casa naquela noite para assistirmos ao seu filme favorito". Aceitaram o convite e, quando chegaram lá, Stanley Kubrick exibiu o filme *Eraserhead*. Depois que soube disso, posso morrer em paz e feliz.

Adoro todos os filmes de Kubrick, mas *Lolita* é o meu favorito. Gosto da história. Amo as personagens. A atuação dos atores é soberba. James Mason se superou no filme.

INLAND EMPIRE

Nós somos como a aranha.
Tecemos nossa vida e a vivemos.
Somos como o sonhador que sonha e depois vive o sonho.
Isso vale para o universo inteiro.

UPANISHADS

Quando começamos não havia *INLAND EMPIRE* algum, não havia nada. Um dia simplesmente esbarrei em Laura Dern na rua e descobri que éramos vizinhos. Já fazia muito tempo que não a via e ela disse: "David, temos que fazer alguma coisa outra vez". Respondi: "Claro que faremos. Vou ver se escrevo alguma coisa pra você. De repente a gente faz alguma coisa pra Internet". Ela disse: "Ótimo".

Escrevi um monólogo de 14 páginas e Laura memorizou todas; o monólogo virou uma tomada de 70 minutos. E ela estava maravilhosa. Não pude disponibilizar o vídeo na Internet porque ficou muito bom; isso me deixou louco, já que havia alguma coisa oculta a pedir mais. E me pus então a ponderar sobre essa coisa. E algo a mais emergiu. Isso me levou a uma outra cena. Mas eu não fazia ideia do que podia ser, e o fato é que a cena não fazia o menor sentido. Acontece que depois acabou surgindo uma ideia para outra cena. E essa terceira cena parecia não ter nada a ver com as duas primeiras, mas a segunda era completamente diferente da primeira.

Um dia, eu estava pronto para filmar uma cena chamada "A Casinha", que envolvia Laura Dern e o meu amigo Krzysztof Majchrzak, um ator polonês. Krzysztof tinha chegado a Los Angeles direto da Polônia e o pessoal da *CamerImage* o levou até a minha casa. Ao sair do carro, ele usava um desses óculos engraçados e sorria, apontando para os óculos.

Achei que ele planejava usar aquela coisa na cena e disse: "Não, não, não, Krzysztof". Ele retrucou: "Preciso de um apoio. Preciso de alguma coisa". Entrei em casa, abri o armário e vi um caco de azulejo, uma pedra e uma lâmpada vermelha bem transparente, igual às que são usadas no Natal. Peguei os itens e pedi que escolhesse um deles.

"Pegue um desses, Krzysztof" – ele escolheu a lâmpada. Afastei então os outros itens. Não queria que pensasse em usá-los. Só lhe dei a lâmpada. Depois disso, fomos para a casinha e Krzysztof saiu de trás de uma árvore com uma lâmpada vermelha na boca, e foi assim que filmamos a cena. E uma coisa levou a outra.

Tive realmente a sensação de que havia o Campo Unificado, de que havia uma unidade entre a lâmpada natalina e aquele polonês que acabara de chegar com óculos estranhos. É interessante como algumas coisas desemparelhadas se complementam. É dessa maneira que nossa mente funciona. Como é que essas coisas combinam quando parecem tão antagônicas? É que há a conjuração de uma terceira coisa que praticamente unifica as duas primeiras. Foi uma luta até perceber que essa unidade podia funcionar em meio à diversidade. O oceano é a unidade e aquelas coisas flutuavam nele.

E eu pensei: *"Bem, claro que deve haver um jeito de essas coisas se relacionarem – por causa desse grande Campo Unificado"*. Não pode haver um fragmento que não se relacione com algo. Eu sentia que cada coisa continha tudo. Nutri então a forte esperança de que a unidade acabaria emergindo de uma hora para outra e que eu saberia como todas aquelas coisas podiam se relacionar. Mas isso só foi acontecer no meio do caminho, quando de repente notei uma espécie de forma que poderia unir o resto, cada coisa que tinha surgido antes. E aquele dia foi incrível. Foi incrível porque pude dizer que isso constituiria o filme.

O NOME

Um dia, ainda no começo do processo, fiquei sabendo em conversa com Laura Dern que Ben Harper, seu marido atual, é de Inland Empire, em Los Angeles. Conversávamos e ela mencionou isso. Não faço ideia de quando tive um estalo, mas lembro de ter dito: "É esse o título do filme". Naquele momento eu também não fazia a menor ideia do filme. Mas queria que se chamasse *INLAND EMPIRE*. Meus pais têm uma cabana em Montana. E certo dia, durante uma faxina, meu irmão encontrou um álbum de recortes atrás de um armário. Ele me entregou o álbum porque era meu, da época em que eu tinha cinco anos e vivíamos em Spokane, Washington. Na parte inferior do álbum estava escrito "Inland Empire". Fiquei então convicto de que estava no rumo certo.

UM NOVO JEITO DE TRABALHAR

O trabalho em *Inland Empire* foi bem diferente. Nós o filmamos inteiramente em vídeo digital, de modo que o nível de flexibilidade e controle foi surpreendente. Eu também não tinha um roteiro. Escrevia as cenas passo a passo, sem fazer ideia de como seria o fim. Isso era um risco, mas eu estava tomado pela sensação de que se todas as coisas são unificadas, as ideias se encadeariam. Além disso, eu estava trabalhando com uma grande companhia francesa, a *StudioCanal*, que acreditava em mim – o bastante para me deixar encontrar meu próprio rumo.

COMENTÁRIO DO DIRETOR

Não emito comentários de direção nas cenas de *making-of* dos meus DVDs. Sei que as pessoas adoram os suplementos, mas, com todos os acréscimos de hoje em dia, o filme parece ter se perdido. É preciso resguardar os filmes. Eles devem permanecer intactos. Trabalha-se tanto para dar forma aos filmes; eles não deviam ser alterados. Os comentários do diretor só servem para abrir uma porta para que as pessoas confundam uma coisa em particular: o filme. Acho interessante contar histórias sobre os filmes, mas comentar como são filmados é um sacrilégio.

Ao invés disso, acho que se deve ver o filme inteiro, de preferência num lugar tranquilo, em tela grande e, se for possível, com um bom sistema de som. Assim, pode-se entrar naquele mundo e vivê-lo.

A MORTE DA PELÍCULA

Eu acho que é o fim da película como um meio. Para mim, a película está morta. Se observarmos como que as pessoas do mundo inteiro estão tirando fotos agora, começaremos a perceber o que está para acontecer.

Tenho filmado em vídeo digital e estou adorando. Tenho uma página na Internet onde comecei a fazer pequenas experiências com essas pequenas câmeras, a princípio achando que pareciam brinquedos e que não eram muito boas. Mas depois me dei conta de que eram excelentes – pelo menos para mim.

Dispomos de 40 minutos de tomadas, com foco automático. São câmeras leves. E podemos ver na mesma hora o que filmamos. Com o filme, temos que ir ao laboratório e só podemos ver o que foi filmado no dia seguinte; com o vídeo digital, jogamos as cenas no computador depois de terminadas e podemos ver o trabalho de imediato. Além disso, existem muitos recursos. Milhares de recursos aparecem a cada minuto e certamente logo haverá mais 10 mil deles. Isso aconteceu primeiro com o som. Hoje, todos têm acesso ao Protools e o som pode ser manipulado de um modo incrivelmente veloz. O mesmo está acontecendo com a imagem. Já se tem muito mais controle disso.

Eu comecei pensando e experimentando. Fiz alguns testes com um filme produzido em vídeo digital porque depois teria que transferi-lo para exibição em cinema. Embora esse tipo de filme não seja exatamente igual ao que é registrado em película, ele me pareceu melhor do que eu imaginava.

Depois que se trabalha com vídeo digital de equipamento leve, pequeno e com foco automático, o trabalho com película se mostra incômodo. Essas câmeras de 35mm já estão me parecendo verdadeiros dinossauros. Elas são enormes, pesam toneladas. E ainda têm que ser movimentadas de um lado para outro. Há tantas coisas a fazer e tudo é tão devagar. Isso acaba com muitas possibilidades. Com o vídeo digital, tudo fica mais leve; há mais mobilidade. É muito mais fluido. É só pensar e pegar as coisas.

E acontece uma quebra de clima para os atores que estão vestidos na pele da personagem e são obrigados a interromper depois de 10 minutos, enquanto a câmera é recarregada. Mas agora podemos filmar sem a preocupação de trocar o filme, temos 40 minutos para filmar. Podemos conversar com os atores e, em vez de paralisar a cena, modificá-la e seguir em frente. Podemos até ensaiar enquanto filmamos, embora isso atrapalhe a trilha sonora e acabe cortando as minhas palavras. Mesmo assim, muitas vezes converso com os atores ao mesmo tempo em que filmamos, e conseguimos chegar cada vez mais fundo.

VÍDEO DIGITAL PARA JOVENS CINEASTAS

Aconselho a usar a oportunidade que o vídeo digital oferece para fazer aquilo em que você realmente acredita. Sempre defenda o que você pensa. Não faça nada apenas para impressionar os estúdios ou algumas pessoas ricas. Posso dizer por experiência própria que o tiro sai pela culatra. Fazer filmes na escola é muito bom; adquire-se conhecimento intelectual e aprende-se com a prática. E agora, com o custo baixo, você pode fazer o que quiser por própria conta. Existem inúmeros festivais de cinema onde você pode entrar para tentar conseguir um distribuidor ou apoio financeiro.

QUALIDADE DO VÍDEO DIGITAL

A câmera de vídeo digital que estou usando é uma Sony PD-150, cuja qualidade é inferior, comparada à HD. Mas adoro essa baixa qualidade. Amo câmeras pequenas. A qualidade me faz lembrar os filmes dos anos 30. Nos primeiros tempos a emulsão não era boa, de modo que havia pouca informação na fita. O resultado da Sony PD é um pouco parecido, não se aproxima da alta definição. E às vezes a mente divaga, quando existe alguma dúvida sobre o que se está vendo ou algum canto escuro no quadro. Se tudo está claro na tela, ela se limita a ser o que é – *tudo* está nela.

E a alta definição, infelizmente, é demasiadamente claro. Vi um pedaço de um filme registrado em alta definição; era uma espécie de ficção científica. E consegui avistar ao fundo parafusos de madeira num console que devia ser de metal. Está cada vez mais difícil construir cenários para a alta definição.

FUTURO DO CINEMA

O nosso modo de ver os filmes está mudando. O vídeo iPod e os vídeos *online* estão mudando tudo. As pessoas assistirão aos filmes em pequenas telas e não nas grandes. E a boa notícia: pelo menos terão seus *headphones*. Talvez o som acabe sendo muito mais importante. Mas se poderá plugar o iPod em alguma coisa e exibir a imagem em grandes telas na própria casa, com um maravilhoso sistema de som e a tranquilidade necessária para entrar no mundo exibido na tela.

A verdade é que, quando as cortinas se abrem e as luzes se apagam, temos que estar preparados para entrar nesse mundo. E isso está ficando cada vez mais difícil. O público fala demais nos cinemas. E lá está um filmezinho ordinário. Como é que se pode viver essa experiência?

Acho que o caminho ainda é difícil. Mas abre-se uma possibilidade para filmes muito bons – sem arranhões, sujeira, marcas d'água e rasgões – e com uma imagem que poderá ser controlada de infinitas maneiras. Se você for cuidadoso na forma de exibir o filme, isso poderá se tornar uma experiência que o levará a um outro mundo. Ainda estamos trabalhando para que isso aconteça. Mas o digital está aí; o vídeo iPod está aí; só temos que aceitar e seguir a corrente.

BOM SENSO

Grande parte do trabalho de um cineasta é bom senso. Se você continuar fiel ao que pensa, e refletir a respeito do que faz, estará no caminho certo.

CONSELHO

A Verdade preserva o aroma da Terra e mantém a água fresca.
A Verdade faz o fogo queimar e o ar se mover, além de fazer
o sol brilhar e a vida crescer. Há uma verdade oculta
sob todas as coisas. Encontre-a e vença.

RAMAYANA

Permaneça fiel a si mesmo. Faça sua voz soar e não deixe que ninguém a abafe. Nunca desista de uma boa ideia e nunca aceite uma má ideia. E medite. É muito importante que se vivencie o Próprio Eu, a consciência pura. Isso realmente me ajudou. Acho que também pode ajudar qualquer outro cineasta. Comece então a mergulhar fundo, a despertar esse contentamento da consciência. Cultive a felicidade e a intuição. Vivencie a alegria de fazer isso, e você poderá brilhar com muita paz. Seus amigos se sentirão extremamente felizes ao seu lado. Todos disputarão um assento ao seu lado. E as pessoas lhe darão dinheiro!

SONO

O sono é realmente importante. É preciso descansar o corpo para ser capaz de trabalhar bem e meditar bem. Quando não durmo o bastante, minhas meditações são uma porcaria. Pode-se cair no sono no início da meditação simplesmente porque se está exausto. Mas quando se está descansado, a experiência é clara e profunda.

Mesmo em uma meditação sonolenta, talvez se possa transcender um pouco. Mas é melhor estar bem acordado para mergulhar. E quando se mergulha dessa maneira, a experiência é poderosa e profunda.

Na meditação a mente se assenta no nível mais profundo e o corpo a acompanha. E hoje, depois de tantas pesquisas, sabemos que em estado profundo de meditação descansamos três vezes mais do que se estivéssemos em sono profundo. Mas o sono é muito importante como preparação para se chegar a tal nível.

PERSISTÊNCIA

O ramo da arte é muito ardiloso. Você quer trabalhar nele, mas precisa viver. Então, arruma um emprego, e depois, na hora de se dedicar à arte está tão cansado que não consegue fazê-lo.

Mas quando amamos o que fazemos, encontramos um jeito de continuar fazendo. Eu tive muita sorte. Tem muita gente que nos ajuda durante o percurso. Muitas pessoas me ajudaram a prosseguir ao longo de minha vida. E recebemos essa ajuda porque fizemos alguma coisa, portanto temos que continuar a fazê-la.

Muito do que aconteceu comigo foi obra da sorte. Mas devo dizer: tente arranjar um emprego que lhe dê algum tempo livre; durma e se alimente bem, e trabalhe o máximo que puder. Há muito prazer em fazer o que se ama.

Talvez isso abra as portas e você encontre um jeito de fazer o que gosta.

Espero que faça.

SUCESSO E FRACASSO

De alguma forma, quanto mais filmes se fazem, mais fácil se torna fazê-los. Fica-se familiarizado com o processo de pescar ideias e traduzi-las. Você começa a entender os instrumentos e a iluminação. E passa a entender o processo inteiro porque já o fez antes.

Isso, porém, também é complicado porque todo filme que se faz é visto no mesmo contexto daquele que se fez anteriormente. A apreciação de um novo lançamento se baseia no filme anterior. E se você já fez alguma coisa que obteve sucesso, acaba sentindo medo do fracasso.

Mas se você sai de algo que é um fracasso, como aconteceu comigo depois de *Dune*, não há medo – você se dá conta de que não pode cair mais. E vive então a euforia e a liberdade de não ter nada a perder.

É preciso aprender a equilibrar o sucesso e o fracasso. Tanto o sucesso quanto o fracasso podem acabar com você. E a única maneira de equilibrá-los é atuar no nível do Campo Unificado. Lá está o seu verdadeiro amigo. Não se pode enganá-lo – ou você está nesse campo ou não está. E quando ele se encontra completamente desperto, não há como perder, a despeito do que possa acontecer.

PESCAR, OUTRA VEZ

*Voltando-me para Minha Própria Natureza,
Eu crio outra vez e outra vez.*

BHAGAVAD-GITA

Quando se termina um projeto, sente-se uma grande felicidade, mas também um grande vazio. Afinal, toda a atenção estava voltada para aquilo que chega ao fim.

É como pescar. Ontem você pescou um peixe maravilhoso, e hoje sai com a mesma isca se perguntando se vai pescar outro. Mas nessa analogia da pesca, mesmo que você espere pacientemente sentado, pode ser que nenhum peixe apareça. Você está no lugar errado. E talvez seja melhor recolher o anzol, pegar a cesta e se mandar para outro lugar. Isso significa sair da cadeira onde você costuma divagar e se mudar para outro lugar. Com a simples mudança de alguma coisa, frequentemente o desejo se reabastece.

Isso não quer dizer que você só precisa sentar e esperar que surja alguma coisa. Não sei o que traz isso. Mas quando se mantém vivo o desejo, frequentemente esse desejo é legitimado com uma ideia. Quando temos uma ideia, sabemos que temos um aval.

COMPAIXÃO

*O lugar onde a gentileza está presente é
mais suave que uma flor,
O lugar onde os princípios prevalecem
é mais forte que o trovão.*

DEFINIÇÃO VÉDICA DA ILUMINAÇÃO

A meditação não é egoísta. Mesmo quando você mergulha e vivencia o Eu interior, não significa se fechar em si mesmo e se distanciar do mundo. Você está se fortalecendo para se tornar mais eficaz quando retornar ao mundo.

É como se costuma alertar nos aviões: "Primeiro coloque sua máscara e depois ajude os que estão mais próximos de você a fazer isso". O meu amigo Charles Lutes costumava dizer: "Se há alguém chorando na curva e você se senta ao lado para confortá-lo, logo haverá dois sujeitos chorando na curva".

Assim, a compaixão, o apreço pelos outros e a capacidade de ajudá-los são incrementados quando meditamos. Mergulhamos e vivemos esse oceano de puro amor, de pura paz, de pura compaixão. Experimentamos isso e internalizamos esse estado. *Depois*, voltamos para o mundo e podemos de fato fazer alguma coisa pelos outros.

EDUCAÇÃO BASEADA NA CONSCIÊNCIA

Um dos principais motivos que me fizeram falar publicamente da Meditação Transcendental é a diferença que isso pode trazer às crianças. Elas estão sofrendo. Atualmente, o estresse atinge crianças de faixa etária cada vez mais baixa, praticamente logo que deixam o berço. E agora aparecem todas essas desordens de aprendizado que até então nunca se tinha ouvido falar.

Ao mesmo tempo, testemunho os resultados da educação baseada na consciência, uma educação que desenvolve o pleno potencial do ser humano. É a mesma educação que toda criança recebe, a diferença é que os alunos aprendem a mergulhar fundo e a desdobrar o Eu interior, a pura consciência.

O Dr. George Rutherford, diretor de escola, em Washington, D.C., introduziu a Meditação Transcendental em três escolas. Eram estabelecimentos que apresentavam casos de violência: tiroteios, suicídios e outros distúrbios. Ele colocou a equipe para meditar, fez com que professores e estudantes meditassem, e testemunhou a mudança operada.

Há nove anos que Carmen N'Namdi, outra diretora de ensino, em Detroit, introduziu a Meditação Transcendental em sua escola, a *Nataki Talibah*. As crianças meditam juntas, 10 minutos pela manhã e 10 minutos pela tarde, e cria um ambiente feliz na escola. São crianças mais felizes que progridem nos estudos e alcançam todo tipo de sucesso.

A meditação funciona. Adquire-se mais conhecimento intelectual durante o período escolar e de uma forma mais divertida. Mas o receptáculo desse conhecimento também se expande. E quando o comparamos com os resultados da educação tradicional, é como uma piada. A educação tradicional promove fatos e personagens, mas ninguém aprende a conhecer a si mesmo.

Certa noite assisti a uma peça na *Maharishi School*, em Iowa – uma escola cuja educação se baseia na consciência. Era uma noite fria e chuvosa e quando fiquei sabendo que assistiria a uma peça na escola, pensei: "Cara, vai ser uma noite longa". Sentei-me na fileira central daquele teatrinho, um teatrinho maravilhoso, e os alunos entraram no palco. Não eram atores profissionais; não passavam de crianças que encenavam uma peça. Mas eu não conseguia desviar a atenção. Era uma encenação à altura das produções da Broadway porque a consciência estava estampada naqueles rostos, uma consciência viva e cintilante. Eles tinham inteligência e ritmo, e um humor incrível. Ninguém se preocupa com alunos como aqueles. Alunos autossuficientes. Eles se darão bem na vida e farão com que o mundo seja um mundo melhor. Criei a *David Lynch Foundation for Consciousness-Based Education and World Peace* para que um número maior de crianças pudesse compartilhar esse tipo de experiência. Os fundos angariados são repassados às escolas do mundo inteiro, para que milhares de alunos aprendam a meditar. E é surpreendente quando eles meditam. Deixam de ser atingidos pelo estresse; o estresse perde o efeito sobre as crianças.

Faço isso não apenas para o bem e o crescimento da consciência desses estudantes, mas por todos nós, já que somos como lâmpadas elétricas. E como lâmpadas elétricas podemos desfrutar a luz mais brilhante da consciência interior e também irradiá-la. Acredito que a chave para a paz está aí.

Se houver 10 mil novos estudantes de meditação, certamente afetará este país. Será como uma onda de paz. Uma onda de paz harmônica, coerente e verdadeira. No indivíduo, a luz da consciência varre a negatividade para longe. No mundo, ela pode fazer o mesmo.

A PAZ VERDADEIRA

*Afaste o perigo
antes que ele chegue.*

YOGA SUTRAS

Todos estão tão convencidos de que não podemos ter paz que hoje isso passou a ser piada. Uma jovem vence um concurso de beleza e a piada é que ela deseja a paz mundial. E todo mundo ri. Ninguém acredita na paz. Trata-se de uma boa ideia. Mas que não passa de balela. Não vai acontecer. E vivemos então nesse inferno, achando que tem que ser assim mesmo.

E se estivermos errados?

Sabemos que a negatividade se dissipa quando o ser humano consegue galgar a consciência e a luz da unidade. Esse indivíduo passa a ter mais inteligência, mais criatividade, muito mais contentamento e, com a dissipação da negatividade, uma influência positiva sobre o mundo. Eis por que seria maravilhoso se formássemos um grande número de pessoas que meditam. Ainda que não seja assim, os pequenos grupos daqueles que meditam podem fazer a diferença.

A teoria é que se a raiz quadrada de 1% da população mundial, ou 8.000 pessoas, praticasse técnicas avançadas de meditação em grupo, então o poder do grupo, de acordo com pesquisas publicadas, será quadrático em relação ao mesmo número de pessoas dispersas.

Tais grupos de criadores de paz já estão se aglutinando. E cada vez que um grupo de pessoas que meditam se reúne, isso acaba influenciando dramaticamente o entorno. Esses grupos têm reduzido realmente o crime e a violência. E como fazem isso?

Dentro de cada uma dessas pessoas existe um campo de unidade. Um campo que sempre esteve presente. Um campo que não tem fronteira, um campo infinito e eterno. Trata-se daquele nível de vida que nunca teve um começo. Ele é e será para sempre. E isso pode ser despertado. No ser humano, o despertar desse campo conduz à iluminação – o pleno potencial do indivíduo. No mundo, o despertar da unidade através de um grupo criador de paz poderá trazer a verdadeira paz para a Terra.

FINAL

Gostaria de dizer que amo profundamente o cinema; adoro pescar ideias; adoro meditar. Amo o despertar da unidade. Acho que o despertar da unidade faz a vida ficar muito melhor. Talvez a iluminação esteja longe, mas se costuma dizer que, quando se caminha em direção à luz, as coisas tornam-se mais claras a cada passo. Para mim, as coisas melhoram a cada dia. E acredito que o despertar da unidade operado por grupos cada vez maiores acabará trazendo a paz para o planeta. Então, eu digo: muita paz para todos vocês.

Que todos sejam felizes. Que todos estejam livres de doenças.

Que a prosperidade seja vista em todos os lugares. Que ninguém sofra.

Paz.

FILMOGRAFIA SELECIONADA

Eraserhead (1977)
The Elefant Man – O Homem Elefante (1980)
Blue Velvet – Veludo Azul (1986)
Wild at Heart – Coração Selvagem (1990)
Twin Peaks (1990-1991)
Lost Highway – A Estrada Perdida (1997)
The Straight Story – História Real (1999)
Mulholland Drive – Cidade dos Sonhos (2001)
INLAND EMPIRE – Império dos Sonhos (2006)

FONTES CITADAS

Eternal Stories from the Upanishads. Thomas Egenes e Kumuda Reddy. Smriti Books, 2002.

Maharishi Mahesh Yogi on the Bhagavad-Gita: A New Translation and Commentary, Chapters 1-6. International SRM Publications, 1967; Penguin Books, 1969.

Maharishi's Absolute Theory of Defence. Maharishi Mahesh Yogi. Age of Enlightenment Publications, 1996.

Ramayana. Recontado por William Buck. University of California Press, 1976.

The Upanishads. Traduzido por Alistair Shearer e Peter Russell. Harper & Row, 1978.

SOBRE O AUTOR

Indicado três vezes para o Oscar, ganhador da Palma de Ouro em Cannes, o diretor David Lynch encontra-se entre os cineastas proeminentes da atualidade. Dos anos 70 aos dias de hoje, os filmes de Lynch – *Eraserhead, O Homem Elefante, Wild and Heart, Twin Peaks, Blue Velvet, Mulholland Drive* e *INLAND EMPIRE* – aclamados pelo público e a crítica, são vistos internacionalmente como uma quebra de barreiras entre o cinema independente e Hollywood.

Visite a *David Lynch Foundation for Consciousness-Based Education and World Peace*: www.davidlynchfoundation.org. Os lucros da venda deste livro serão destinados à Fundação para prover fundos aos programas de Meditação Transcendental nas escolas.

Este livro foi diagramado utilizando as fontes N.O. Movement Bold e Times New Roman e impresso pela gráfica **JMV**, em papel offset 90 g/m² e a capa em papel Duo Design 250 g/m².